JN081612

債務超過子会社の整理・統合の税務

公認会計士
佐藤信祐 著

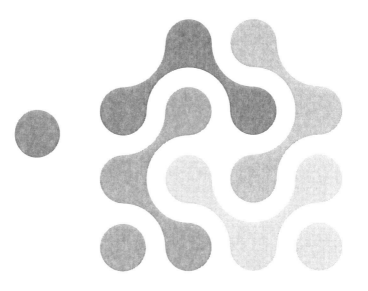

中央経済社

はじめに

　平成10年度に法人税基本通達が改正されたことにより，子会社等を整理・再建するために損失負担等を行った場合における法人税法上の取扱いが明らかになりました。そして，平成13年度に組織再編税制が導入されたことにより，適格合併により子会社の繰越欠損金を引き継ぐことができるようになりました。

　このように，債務超過子会社との合併を行った場合において，債務超過子会社の繰越欠損金を引き継げるかどうか，債務超過子会社の再建を行った場合に，債権放棄等を行った親会社において，その債権放棄等により生じた損失の額を損金の額に算入することができるかどうかは，約20年前からある議論であり，実務上も，多くのご質問を頂いています。

　そのような中で，東京高判平成29年7月26日（角弘事件）では，特別清算（和解型）を用いた第2会社方式について争われ，法人税基本通達9－6－1⑵ではなく，同通達9－6－1⑷又は9－4－1で判断することが明らかになりました。

　また，東京高判令和元年12月11日（TPR事件）では，玉突き型の組織再編成に対して包括的租税回避防止規定が適用されました。しかし，玉突き型といいながらも，合併法人に繰越欠損金だけでなく，事業用の建物や設備も引き継いでいることから，旧会社と新会社の同一性が排除されていると認めることもでき，包括的租税回避防止規定を適用すべき事案であったかどうかは，実務家の中にも異論があります。

　さらに，東京高判令和2年6月24日（ユニバーサルミュージック事件）では，同族会社等の行為計算の否認の適用上，事業目的がわずかでもあればよいというわけではなく，①通常は想定されない手順や方法に基づいたり，実態とは乖離した形式を作出したりするなど，不自然なものであるかどうか，②税負担の減少以外に合理的な理由となる事業目的その他の事由が存在するかどうか等の事情も考慮したうえで，経済的合理性を欠く行為であるかどうかを総合的に判

断すべきであることが明らかにされました。

　このように，東京高判令和元年12月11日（TPR事件），東京高判令和2年6月24日（ユニバーサルミュージック事件）が公表されたこともあり，最一小判平成28年2月29日（ヤフー事件），最二小判平成28年2月29日（IDCF事件），東京高判平成27年3月25日（日本IBM事件）が公表された頃に比べると，節税と租税回避の境界線について，実務上も議論すべき場面が増えてきたと考えられます。

　とりわけ，東京高判令和元年12月11日（TPR事件）の実務に与える影響は大きいと考えています。最一小判平成28年2月29日（ヤフー事件）と比べると，一般的に行われているストラクチャーに近いことから，適格合併により被合併法人の繰越欠損金を合併法人に引き継ぐ場合には，包括的租税回避防止規定が適用されないようにする必要があるからです。

　さらに，東京高判令和元年12月11日（TPR事件）は第2会社方式にも影響を与えると思われます。なぜなら，この事案では，事業用の建物や設備を新会社に移転させずに親会社に移転させたにもかかわらず，旧会社と新会社の同一性があると認定されたことから，法人税基本通達9－4－1の要件を満たすために，旧会社と新会社の同一性を排除するためには，事業用の建物や設備を新会社に移転させずに親会社に移転させるだけでは足りないといえるからです。そのほかにも，残余財産の確定により繰越欠損金を親会社に引き継ぐ場合において，租税回避と認定されたときは，同族会社等の行為計算の否認についても検討する必要があります。この場合には，根拠条文が法人税法132条の2ではなく，同法132条になることから，東京高判令和元年12月11日（TPR事件）だけでなく，東京高判令和2年6月24日（ユニバーサルミュージック事件）も検討する必要があります。

　このように，債務超過子会社との合併を行った場合において，債務超過子会社の繰越欠損金を引き継げるかどうか，債務超過子会社の再建を行った場合に，債権放棄等を行った親会社において，その債権放棄等により生じた損失の額を損金の額に算入することができるかどうかについては，最近の裁判例の影響に

より，10年前とは異なる判断をする必要があると考えられます。

　本書では，このような最近の裁判例の影響を受けて，債務超過子会社の整理・統合の税務について体系的にまとめることを目的にしています。本書が，組織再編成・資本等取引に携わる実務家の方々のお役に立つことができれば幸いです。

　本書では，令和2年12月11日時点で公表されている本法，政省令及び取扱通達をもとに解釈できる範囲内での私見により編集しました。実務においては，個別の事実関係により柔軟に対応する必要があることから，慎重に対応することをお勧めします。

　最後になりましたが，本書を企画時から刊行まで担当してくださった中央経済社の末永芳奈氏に感謝を申し上げます。

令和2年12月

公認会計士　　佐藤　信祐
税　理　士

凡例

正式名称	略　称
法人税法	法法
法人税法施行令	法令
法人税法施行規則	法規
法人税基本通達	法基通
消費税法	消法
地方税法	地法
地方税法施行規則	地規

　本書の記述は，令和2年12月11日現在の法令等に依ります。

目　　次

§2

債務超過子会社との合併の税務

§ **1**

実務に大きな影響を与える
３つの判決

東京高判平成29年7月26日（角弘事件）では，特別清算（和解型）を用いた第２会社方式について，東京高判令和元年12月11日（TPR事件）では，玉突き型の組織再編成に対する包括的租税回避防止規定について，東京高判令和２年６月24日（ユニバーサルミュージック事件）では，組織再編成に伴う支払利息の増加に対する同族会社等の行為計算の否認についてそれぞれ争われた。

これらの判決は，債務超過子会社の整理・統合を行った場合における税務実務に対して大きな影響を与えると考えられる。

本章では，これらの判決の概要と実務への影響について解説を行う。なお，本書校了段階では，TPR事件及びユニバーサルミュージック事件が上告中であり，東京高裁判決とは異なる最高裁判決が公表される可能性があるという点にご留意されたい。

1	東京高判平成29年7月26日TAINSコードZ267-13038（角弘事件）

(1) 概　要

東京地判平成29年１月19日TAINSコードZ267-12962，東京高判平成29年7月26日TAINSコードZ267-13038では，第２会社方式により生じた貸倒損失について，法人税基本通達９－６－１(2)，９－６－１(4)及び９－４－１の適用を認めず，寄附金として認定された。本事件における第２会社方式では，特別清

算の和解型（対税型）が用いられていたことから，一部の実務家における「特別清算の和解型であれば，何の問題もなく貸倒損失として損金の額に算入できる」という風潮に警鐘を鳴らすものとして評価することができる。

　なお，第2会社方式とは，事業譲渡又は会社分割により，赤字子会社の資産とそれに相当する負債を受皿会社に対して譲渡し，残った赤字子会社の負債を清算手続により切り捨てる手法のことをいう。

【第2会社方式】

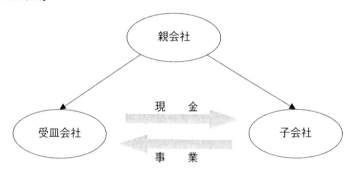

　本事件公表前では，特別清算の和解型により生じた損失に対して，法人税基本通達9－6－1(2)を準用すべきであるとする見解（稲見誠一・佐藤信祐『実務詳解　組織再編・資本等取引の税務Q&A』1153頁（中央経済社，平成24年）など），同通達9－6－1(4)を適用すべきとする見解（安野広明「国内子会社の特別清算に伴う税務上の留意点」旬刊経理情報1213号49頁（平成21年）など）があったが，東京地裁及び東京高裁のいずれも，同通達9－4－1により判断すべきであると判示した。

　ただし，同通達9－6－1(2)を準用すべきであるとする見解も，同通達9－6－1(4)を適用すべきであるとする見解も，旧子会社と新子会社の実態が同一である場合には，貸倒損失として損金の額に算入することができないとしており，特別清算の和解型であれば，常に損金の額に算入することができるとしていたわけではないことから，後述するように，本判決の内容とは矛盾しない。

　かつての国税局，税務署は，「特別清算であれば，貸倒損失として認められます。しかし，通常清算であれば，通達に書いていないので，回答できません。」と回答していたことが多かった。また，法人税基本通達9－4－1及び9－4－2の事前相談は，国税局の審理課による対応となり，通常の相談に比べて回答に時間がかかることから，特別清算の和解型を採用した事案が多かった。

　本判決では，特別清算の和解型を採用したとしても，法人税基本通達9－4－1で判断すべきであるとしており，通常清算と同様の判断を行うべきであるということになる。なお，本書で抜粋した判例については，一部の文章のみを抜粋しただけでなく，読みやすくなるように文章の修正を行っている。そのため，判例の内容を正確に知りたい読者は，TAINSに掲載されている判決を一読されたい。

⑵　事実関係

①　当事者等

　本件は，原告が，原告の子会社であるB及びC（以下，BとCを合わせて「本件子会社2社」という。）に対して有する債権の放棄をし，その放棄された債権放棄額を損金の額に算入して法人税の確定申告をしたところ，青森税務署長から，本件債権放棄額は本件子会社2社に対する法人税法37条の寄附金の額に該当するとして，法人税の更正処分を受けたため，被告に対し，本件処分の一部の取消しを求めた事案である。

　原告は，建設関連資材卸及び石油燃料販売等を業とする法人であり，原告の子会社等合計12社との間で企業グループ（以下「Dグループ」という。）を形成していた。

　本件子会社2社及びEは，いずれも原告の子会社であり，Gも，同年10月31日に解散して平成22年2月15日に清算を結了するまでは原告の子会社として事業を行っていた。

② 原告の財務改善計画書（第1案）の作成経緯

ア．原告は，平成20年3月25日，経営コンサルタント会社であるH社との間
で，Dグループの財務調査業務，同グループの所有する不動産の評価業務
及びこれらの調査結果を踏まえた同グループの財務改善計画書の作成業務
を委託した。

イ．H社は，原告に対し，平成20年7月30日付けDグループ財務改善計画書
（第1案）（以下「本件計画書第1案」という。）を策定した。本件計画書
第1案の内容は，おおむね以下のとおりである。

（ア）　Cは，その営む事業を原告に譲渡し，その後，特別清算をする。

（イ）　Cの事業譲渡及び特別清算により，Cは製造機能に集中し，原告が
営業機能を担当することによるシナジー効果の発揮及び税務メリット
（事業税等の税負担の軽減並びに子会社の特別清算を通じた貸倒損失
及び株式の評価減の損金処理）という効果が見込まれる。

（ウ）　財務改善策として，原告の自己資本の増強を図るため，原告が財務
体質の良好な子会社であるIと合併する。

---

③ 原告の財務改善計画書（第2案）の作成経緯

ア．原告のメインバンクであるJ銀行は，本件計画書第1案を了承せず，平
成20年8月22日，原告に対し，原告の回収不能な債権についての処理方法
の明確化，Dグループで行っている不採算事業からの撤退及び従業員のリ
ストラを含む抜本的な収益改善策並びにJ銀行からの貸付金を10年程度で
返済することを織り込んだ財務改善策を策定するよう要請した。なお，J
銀行は，同年9月8日，原告の当座貸越契約の一部を解除して手形貸付け
に切り替えるとともに貸付利率を0.125パーセント引き上げることを決定
した。

イ．原告とH社は，上記アの要請を受けて，平成20年12月9日付けDグルー
プ財務改善計画書（第2案）（以下「本件計画書第2案」という。）を策定

した。本件計画書第2案の内容は，おおむね以下のとおりである。

（ア）　本件子会社2社及びG（以下「A子会社3社」という。）が，その営む事業を原告に譲渡し，その後，それぞれ特別清算をする。

（イ）　A子会社3社の原告に対する事業譲渡により，原告の営業力をいかした販売強化及び管理費用の圧縮ないし削減を通じて収益力の改善を図る。

　　　Cについては特別清算による「負の遺産」の一括処理を行い，B及びGの営む事業については，上記事業譲渡によっても収益が改善しない場合には，同事業からの撤退を検討する。

---

④　A子会社3社の事業譲渡に係る経緯

ア．J銀行は，平成20年12月24日，本件計画書第2案につき，Dグループ内の不採算事業からの撤退を再度求め，原告の債務超過の解消と有利子負債の圧縮の観点からA子会社3社の事業継続の必要性について再度検討したうえで財務改善計画案を策定するよう要請した。これに対し，原告は，平成21年1月22日，J銀行に対し，A子会社3社の事業譲渡先をEに変更したうえで，A子会社3社を清算するとともに，原告が本件子会社2社に対して有する債権を放棄するという内容の計画案に変更したい旨の打診をした。J銀行は，同年2月3日，原告に対し，A子会社3社の事業統合では現状と変わらず，財務改善の効果がない旨を指摘した。

イ．原告は，J銀行からの上記アの指摘を受けた後も，A子会社3社の事業統合が必要であるとの方針を変更せず，以下のとおり，A子会社3社の事業譲渡（以下「本件事業譲渡」という。）を実施した。

（ア）　A子会社3社は，平成21年2月17日，Eとの間で，それぞれの事業の全部を同年3月31日付けでEに譲渡する旨の契約を締結した。

（イ）　本件事業譲渡に係る譲渡すべき財産，譲渡の対価及び決済方法等の

項目については，譲渡契約締結後，別途協議の上で決定することとされ，平成21年4月24日にはCが，同年5月8日にはBが，それぞれEとの間で上記項目につき覚書を作成した。本件子会社2社の事業譲渡に係る譲渡の対価及び決済方法に関する覚書の内容は，以下のとおりである。

C：事業譲渡の対価は8億1961万0659円（譲渡資産時価総額7億8530万0750円及びのれん3430万9909円の合計）とし，上記譲渡の対価の額は，EがCから譲り受ける負債の金額と一致するため，CとEの間における金銭の授受はないものとする。

B：事業譲渡の対価は2億8619万5761円（譲渡資産時価総額2億5873万6215円及びのれん2745万9546円の合計）とし，上記譲渡の対価の額に係る債務については，EがBから譲り受ける負債と相殺する。

⑤ 原告の財務改善計画書（最終案）の作成経緯

ア．原告は，本件事業譲渡の契約締結を受けて，A子会社3社の事業譲渡先をEとする財務改善計画書（最終案）を策定し，平成21年3月3日，J銀行に対し，これを提示し，同月12日，同銀行の了承を得て，同月16日から同月26日にかけて，すべての取引金融機関に対し，上記の最終案の内容を説明し，了承を得た。

イ．原告は，上記アの最終案を基に，以下の内容の平成21年5月26日付けDグループ財務改善計画書（以下「本件計画書」といい，これに基づくDグループの財務改善計画を「本件計画」という。）を策定し，J銀行にこれを提出し，同年8月24日に同銀行の同意を得た。

（ア） A子会社3社は，その営む事業を，原告ではなく，休眠中であるEに譲渡し，1社に集約（従業員の引受けを含む。）をすることにより，

コストないし管理費用の削減及び収益管理の徹底ないし強化を行い，収益力の改善を図る（なお，A子会社3社の金融機関からの借入金については，Eがすべて承継する。）。A子会社3社については，本件事業譲渡後に特別清算をすることとし，これに伴い，原告は，本件子会社2社に対して有する不良債権を損失処理する。なお，Eが承継した事業の収益が本件事業譲渡後も改善しない場合には，同事業からの撤退を検討する。

（イ）　A子会社3社からEへの事業統合後は，製造会社の集約による管理コストの削減等により5532万円の財務改善効果を見込むとともに，売上高の増加を目指すものとする。

(3)　東京地判平成29年1月19日TAINSコードZ267-12962

①　当事者の主張

争点1	本件債権放棄額が貸倒損失の額に該当するか否か

(i)　国側の主張

ア．基本通達9-6-1(2)（特別清算協定認可の決定に係る貸倒損失）について

基本通達9-6-1は，所定の事由が発生した場合には，法人の有する金銭債権の額が消滅することとなるので，これらの金額をその事実発生の日の属する事業年度において損金の額に算入することとしたものであるところ，基本通達9-6-1(2)に特別清算協定認可の決定が掲げられているのは，裁判所の決定に至る過程において当事者間の公平が担保されていること（関係者集会や債権者集会が必ず開催され，複数の債権者等による合意等の形成が法律上予定されていること），私的自治が大幅に修正されていること（個別の当事者の意思にかかわらず権利が消滅すること等）に基づくものであり，

8

個別和解による本件債権放棄は，上記の場面とは異質のものというほかない。

　原告は，特別清算手続における裁判所の許可の下で行われる個別和解（会社法535条1項4号）についても基本通達9－6－1(2)が適用されるべきである旨主張するが，上記の個別和解については，あくまでも協定の認可とは別個の手続であり，当事者間の公平を担保し又は私的自治を修正するための規定も見当たらないから，基本通達9－6－1(2)の趣旨に合致しない。特別清算手続が税務対策手段として一般的に利用されている実情があるとしても，特別清算手続を利用すれば，子会社の整理に関する親会社の負担額を無条件に損失に算入することができるわけではなく，基本通達等の要件を満たすことが必要となる以上，上記の実情を理由に本件債権放棄に係る個別和解が基本通達9－6－1(2)の適用を受けるということはできない。

イ．基本通達9－6－1(4)（回収不能の債権の免除に係る貸倒損失）について

（ア）　適用範囲の限定の有無について

　個別和解による債権放棄が，債務超過の子会社を整理するためにその親会社により行われた場合には，それに伴って生じた損失は，一般的には，基本通達9－4－1の適用によって処理されるべきであるから，本件債権放棄額につき，基本通達9－6－1(4)は適用されないというべきである。

（イ）　本件における基本通達9－6－1(4)の要件該当性について

　仮に，本件において基本通達9－6－1(4)が適用されるとしても，金銭債権の貸倒損失を損金の額に算入するには，単に当該金銭債権の債務者につき債務超過の状態が継続しているだけでは足りず，当該金銭債権の全額が回収不能であることが客観的に明らかでなければならない。そして，法人税法33条2項等が預貯金，貸付金，売掛金その他の債権を評価損の損金算入の対象から除外していることからすると，金銭債権の一部の貸倒れを損金の額に算入することは許されないと解されるところ，以下の事情に照らすと，本件債

権放棄額の全額が回収不能であることが客観的に明らかであり将来的にも弁済を受ける見込みがなかったものとは認められないというべきである。

- Cにおいては，売上金額が増加傾向にあり，平成20年12月期以前の税引後当期利益は2000万円超であったうえ，平成16年12月期以降，借入金の額も減少傾向にあった。加えて，同社の事業を承継するEにおいても，Cとの関係で1690万円の経費削減等を見込んでいたため，さらなる財務状況の改善が可能であった。

- Bにおいては，平成19年及び平成20年の各12月期に損失を計上しているものの，平成18年12月期以前は利益を計上しており，上記損失も売上が減少する中で労務費や人件費を削減することができなかったことが要因と考えられるところ（なお，平成19年12月期については，機械の入替えに伴い特別損失が発生したこともその要因であった。），平成21年当時においてもBが原告から借入れをする際に売掛金の回収等による返済を見込んでいたこと，Bの事業を承継するEが当該事業につき人件費や設計外注費1662万円の削減等を見込んでいたことからすれば，さらなる財務状況の改善が可能であった。

- 原告は，A子会社3社の事業を存続させることが必要との認識を持ち，A子会社3社の事業をEに引き継がせることを予定していたのであり，現にJ銀行から債務超過先と判断されていた本件子会社2社も倒産又は休業をすることなく営業を継続していたから，その債務超過が当然に債権の回収不能に結びつくものではなく，本件事業譲渡の際に本件債権放棄に係る債権もEに引き継がせてその回収を図ることは十分に可能であった。

- A子会社3社から事業譲渡を受けたEは，本件計画上，事業統合後約9000万円前後の償却前経常利益を計上する見込みであり，当該利益は，本件事業譲渡がなければ，本件債権放棄に係る原告の本件子会社2社に対する債権の返済の財源となり得るものであった。

- 本件子会社2社の主たる債権者は原告や原告のグループ会社であったが，原告らが直ちに債権を回収しようとしていた状況や，原告ら以外の債権者

10

に対する債務の支払が困難となっていた事情はなく，原告が本件子会社2社に対して支払猶予や利息の免除をすれば債権放棄と同様の資金繰りが得られたはずであった。

(ii) 納税者側の主張

ア．基本通達9－6－1⑵（特別清算協定認可の決定に係る貸倒損失）について

本件債権放棄は，特別清算手続において裁判所の許可に基づき行われた個別和解に基づくものであるところ，基本通達9－6－1⑵は，特別清算が，私的整理とは異なり，裁判所の厳重な監督の下において，特別清算会社の資産と負債を無にして会社を清算させる手続であるため，恣意的な判断や財務上の不正が行われ難いことから，法人税法上，当該手続によって法律上消滅した金銭債権については，当然にその全額を損金の額に算入することを認めたものである。

そして，子会社を整理する際には，債権者である親会社が自己の債権を貸倒れとして損金の額に算入するために特別清算手続を利用するいわゆる対税型の手法が実務上定着しており，この場合における債権者は親会社のみであることが多いことから，会社法570条による協定の認可ではなく裁判所の許可に基づく個別和解により債権を消滅させることがほとんどであり，このようにして消滅した債権額については，基本通達9－6－1⑵により貸倒損失として損金算入を認める旨の運用が実務上定着している。このことは，基本通達9－6－1⑵と同趣旨の規定である基本通達9－6－1⑴（更生手続に関するもの）において，更生計画認可前に裁判所の許可を受けて行う少額弁済により債権者が放棄することになる弁済額超過部分の債権額が，貸倒損失として損金の額に算入されるものとされていることからも裏付けられる。

被告は，本件債権放棄に係る個別和解については，特別清算協定認可の決定がない以上，基本通達9－6－1⑵の適用を受けないなどと主張するが，個別和解も，特別清算協定認可の決定と同様に，裁判所の許可を受けた特別

清算手続の一環として裁判所の監督の下で行われるものであり，特別清算協定認可は，債権者集会によって出席債権者の過半数及び総債権額の3分の2以上の債権者の同意を得ることが要件とされているところ，本件債権放棄当時における本件子会社2社の債権者は原告及びその子会社（E）のみであったから，裁判所の許可に基づいて行われた上記個別和解は，特別清算協定認可の決定と同視し得るものである（被告の主張に係る基本通達9−4−1ないし同9−4−2は，個別和解による子会社に対する債権放棄につき，その親会社が当該子会社の第三者に対する債務を肩代わりしたような場合に適用されるものであるが，本件ではそのような事情は認められないから，原則どおり，基本通達9−6−1⑵の適用を検討すべきである。）。

イ．基本通達9−6−1⑷（回収不能の債権の免除に係る貸倒損失）について

（ア）　適用範囲の限定の有無について

一般に，法人が自己の債権を放棄した場合の処理としては，その債務者が当該法人の子会社に当たるか否かにかかわらず，当該債権につき回収可能性がない場合には貸倒損失に関する基本通達9−6−1等が適用され，回収可能性がないとはいえない場合には，原則として寄附金に該当するものの，子会社等の整理ないし再建に関する基本通達9−4−1ないし同9−4−2の適用が問題となる。

（イ）　本件における基本通達9−6−1⑷の要件該当性について

以下の事情からすれば，本件債権放棄額は，その全額が回収不能であることが客観的に明らかであり将来的にも弁済を受ける見込みはなく，「債務超過の状態が相当期間継続し，その金銭債権の弁済を受けることができないと認められる場合」に当たるので，基本通達9−6−1⑷の適用により，貸倒損失として損金の額に算入されるべきである。

・本件子会社2社は，原告の財務改善計画書の策定より前から，本件事業譲

渡の有無にかかわらず実質的な債務超過の状態に陥っていた。

- 基本通達９－６－１(4)にいう「相当期間」とは，通常，１年ないし２年の期間を指すといわれているところ，本件子会社２社は，遅くとも平成18年12月期の時点ではすでに実質的な債務超過の状態に陥っており，本件計画書が策定された平成21年５月までの間に約２年６か月が経過しているうえ，実際に本件債権放棄が行われた平成22年３月までの間に３年以上が経過しているから，本件子会社２社の実質的な債務超過の状態が相当期間継続していることは明らかである。

- そして，債務超過の状態が相当期間継続していれば，通常，当該債務者は，弁済原資を有しておらず，支払能力がない状態にあると推認されるので，基本通達９－６－１(4)にいう「その金銭債権の弁済を受けることができないと認められる場合」に当たるということができる。実際にも，本件子会社２社は，平成18年12月期には実質的な債務超過の状態に陥っており，原告による実質的な資金援助（支払猶予，資金注入）により事業を継続していたものの，Ｊ銀行の強い要請により当該資金援助が中止された結果，事業継続が不可能となったものであるから，原告の本件子会社２社に対する債権は，すでに回収不能なものとして上記の要件を満たすというべきである。

争点２ | **本件債権放棄額が寄附金の額に該当するか否かについて**

(i)　**国側の主張**

ア．基本通達９－４－１（子会社等を整理する場合の損失負担等）について

（ア）　適用範囲の限定の有無について

　グループ内での事業譲渡のように実質的に子会社の経営権が移動していない場合には，第三者に経営権を譲渡する場合と異なり，当該損失負担等をしなければ経営権を譲渡できない等の事情を認めることはできず，また，損失負担等をしたとしても親会社としての経営責任は継続するため，当該損失負

担等が親会社として今後より大きな損失を蒙ることを回避するためのものであるともいえない。

　したがって，上記のような場合における損失負担等は，経済的合理性がなく，親会社の存続のために必要不可欠ともいえないから，基本通達9－4－1の適用を受けないというべきである。

　そして，本件子会社2社の事業譲渡を受けたEが原告の完全子会社であり，Eの代表取締役が原告代表者であることからすれば，原告は，本件子会社2社の事業を別の子会社であるEに統合し再編したにすぎず，本件子会社2社の経営権は移動していないので，本件債権放棄は基本通達9－4－1の適用を受けないというべきである（本件の場合，特別清算手続による本件債権放棄が，Dグループの財務改善計画という一連の事業再編の枠組みの一環として本件子会社2社に対して行われたものであるから，本件債権放棄により生じた損失負担の寄附金該当性については，基本通達9－4－2によって判断するのが相当である。）。

（イ）　本件における基本通達9－4－1の要件該当性について

　仮に，本件債権放棄に基本通達9－4－1が適用されるとしても，以下の事情からすれば，本件債権放棄は，J銀行の要請に応じるためにやむを得ずしたものとはいえず，また，経済的合理性があるともいえないので，相当な理由があるものとは認められない。

- J銀行は，原告に対し，財務面において債務超過及び過大債務（有利子負債）の解消を目指し，経営コンサルタントの関与の下，グループ再編，収益力の強化及び債権等のデータ管理を検討項目とした計画策定を要請したにすぎず，本件債権放棄を要請したり，本件債権放棄を含まない財務改善計画は受け入れられないなどと要求したりしていない。

- 原告は，本件計画書の記載からうかがわれるように，主体的に財務改善計画書を作成しているうえ，原告における内部決裁文書上も，H社に対する計画策定等の依頼を組織的かつ主体的に行っている。また，原告は，財務

改善計画書の具体的な計画策定のほか，策定した計画を他の金融機関に説明し，その了承を得ている。加えて，原告は，Ｊ銀行から，赤字事業からの撤退及び再建期間中の配当停止を要請されたにもかかわらず，これを原告の財務改善計画に組み込まなかった。

- Ｊ銀行は，原告の実質的な債務超過や本件子会社２社への資金流出の解消を要請してはいたが，本件債権放棄を行った場合，本件子会社２社の債務超過が解消される反面，本件債権放棄額に相当する原告の資産が減少することになるから，本件債権放棄は，原告の実質的な債務超過や本件子会社２社への資金流出の解消にとって効果のないものであり，有利子負債の削減にも結び付くものではない。

イ．基本通達９－４－２（子会社等を再建する場合の無利息貸付け等）について

　一般に，債権放棄の額は，そのことに経済取引として是認できる合理的理由がない限り，寄附金の額に該当することになるところ，本件債権放棄は，Ｄグループの財務改善計画の初期段階から計画されていたものであり，かつ，本件事業譲渡から本件債権放棄に至るまでの一連の過程において，本件債権放棄に係る債権の支払に充てることが可能な資産のすべて及び上記支払の原資となる事業そのものをＥに引き継ぐことにより，本件子会社２社における上記支払の原資を喪失させた結果，行われることになったものであるから，本件債権放棄の経済的合理性の有無は，こうした一連の過程を踏まえて判断すべきである。

　そして，以下の事情からすれば，本件債権放棄は，これを行うにつき相当な理由があるものとはいえないというべきである。

a．債権放棄が子会社等の倒産を防止するためにやむを得ず行われたというためには，当該債権放棄が倒産防止のために必要不可欠であることを要するところ，本件においては，原告の本件子会社２社に対する支援の方法として，無利息貸付け等，経費負担，資金贈与，債務引受け等が考えられる

のであって，原告が本件子会社2社に対して債務の履行を猶予し，これに
対する利息を免除すれば，本件子会社2社において本件債権放棄がされた
のと同様の資金繰りが得られる以上，それを超えて，本件債権放棄まで行
う必要性はないというべきである（実際，J銀行が要請していたのは有利
子負債の圧縮及び債務超過の解消に向けたグループ再編，収益強化及び債
権管理であって，買掛金の支払猶予や売掛金の取立てを要請していたとは
いえない。）。

　　原告は，債権放棄以外の支援方法をJ銀行が了承するはずがない旨主張
するが，そもそも原告において本件債権放棄以外の支援方法を具体的に検
討した形跡はなく，上記主張は明確な根拠もなく臆測を述べるものにすぎ
ないうえ，原告は，J銀行が要請していた赤字事業からの撤退や再建期間
中の配当停止を計画に組み込まず，J銀行の意に沿わない行動をとってい
たのであるから，J銀行が了承するはずがないという上記主張はその前提
を欠くものである。

b．　一般に，債権放棄を含む無利息貸付け等が基本通達9－4－2にいう
「合理的な再建計画に基づくものである」か否かを判断するにあたっては，
支援の合理性，支援者による再建管理の有無，支援者の範囲の相当性及び
支援割合の合理性等について総合的に検討する必要があるところ，①本件
子会社2社が債務超過等の倒産の危機に瀕していなかったこと，②本件事
業譲渡後におけるEの償却前経常利益の見込額が，本来は本件債権放棄に
係る債権の弁済の財源となり得たことからすれば，本件債権放棄額は必要
最小限度のものとはいえないこと，③原告が，本件子会社2社をDグルー
プ内に残すことを優先し，当初からDグループ内での再建を計画して本件
事業譲渡の譲渡先としてグループ外の第三者を探すなどの自己努力をした
形跡がないこと，④本件子会社2社が原告以外にもグループ会社や金融機
関から多額の借入れを行っていたにもかかわらず，財務改善計画では当初
の段階から原告のみが債権放棄により支援することとされており，複数存
在したその余の債権者に対して支援を要請し又は仕入先などの債権者を含

めた債権者集会等が行われた形跡もないなど支援者の範囲や損失負担等の割合に合理性や相当性がないことからすれば，本件債権放棄は合理的な計画に基づくものとはいえない。

(ii) **納税者側の主張**

ア．基本通達９－４－１（子会社等を整理する場合の損失負担等）について

（ア） 適用範囲の限定の有無について

基本通達９－４－１は，子会社の整理に際して親会社が何らかの負担をしなければならない場合において，当該負担が，これを行わない場合に親会社自体が今後蒙る損失を回避するためにやむを得ず行われたものであれば，寄附金には該当しない旨を定めたものであって，子会社の事業譲渡等を行った際にその経営権が実質的に移動したか否かにかかわらず適用されるものというべきである。

（イ） 本件における基本通達９－４－１の要件該当性について

a．原告は，平成19年5月頃，J銀行からDグループ各社の財務調査をすると言われ，各社の財務諸表を提出したところ，J銀行は，平成20年2月頃，原告が債務超過先である本件子会社2社に対して有する売掛金債権は，実質的に本件子会社2社の債務超過を肩代わりしているにすぎず回収不能であると判断して，上記売掛金債権につき，その資産性を否定して約10億円以上もの減額修正をしたうえで，原告の実質的な営業利益がほとんどマイナスであると評価し，早急に改善策を検討するよう要請した。これを受けて原告は財務改善計画の策定をしたものであるが，原告を含むDグループの財務改善計画を策定したH社は，J銀行が紹介したコンサルティング会社3社のうちの1社であるから，Dグループの財務改善計画は，J銀行が主導したものである。そして，J銀行は，原告が財務改善計画書の案を提出するたびに，本件子会社2社への資金流出を解消するとともに原告本体の実質的な債務超過を解消するよう求めていたうえ，財務改善計画が未完

成の時点である平成20年9月に当座貸越契約を解除し，原告に対する圧力を強化した。

　このように，原告は，その財務改善のためには本件債権放棄以外に採るべき手段がなく，これをしなければ，メインバンクからの協力を得られず貸し剥がし等の不利益を蒙る蓋然性が非常に高かったのであるから，本件債権放棄は，これを行わない場合に原告自体が今後蒙ることになるより大きな損失を回避するためにやむを得ずにしたものであることは明らかである。

b．J銀行は，明示的に本件債権放棄を要請したわけではないが，一般に，金融機関の融資先に対する要請は目標達成の結果を要請する場合がほとんどであり，融資先の経営判断に対する不当な介入につながるおそれがあるため，金融機関が当該目的を達成するための手段について債権放棄や事業譲渡といった具体的な方法を明示的に要請することは事実上皆無であり，本件債権放棄は，J銀行による事実上の要請に基づくものである。

イ．基本通達9-4-2（子会社等を再建する場合の無利息貸付け等）について

（ア）　以下の事情からすれば，本件債権放棄は，本件子会社2社の倒産を防止するためにやむを得ず行われた合理的な再建計画に基づくものであって，必要最小限度の支援として相当な理由があるものというべきである。

a．本件子会社2社は，本件計画書の策定当時，いずれも倒産の危機に瀕しており，原告による継続的な資金援助（多額の貸付利息の免除，返済猶予等）によりその事業を継続していた。

　このような状況の下において，J銀行からの強い要請により原告からの資金援助が中止された結果，本件子会社2社の倒産のおそれはさらに強まっていた。

b．原告は，本件子会社2社の事業が青森県に根ざした多角経営という原告及びDグループの経営理念や企業イメージの保持にとって有益であり（特

にCの鉄骨加工等の技術は青森県下トップクラスであった。），これを廃業すれば上記企業イメージや青森県の地域経済及び雇用に大きな影響を与えることから，本件子会社2社を存続させることとしたが，原告による本件子会社2社の吸収合併には労務問題等が伴うため，次善の策として，Eに対する本件事業譲渡及び本件債権放棄により上記の吸収合併と同様の効果をもたらすこととした。なお，原告が本件子会社2社にさらなる資金援助をすることについては，J銀行が了承するはずがなく，同銀行の意に反して本件子会社2社への資金援助を継続すれば，原告は破綻懸念先に格下げされ，追加融資の中止や担保の追加を求められることになるため，原告としては本件債権放棄以外の方法を採り得なかった。

c．本件子会社2社から事業譲渡を受けたEの償却前経常利益は，平成21年12月期にはプラスであったものの，平成22年12月期及び平成23年12月期には2期連続でマイナスとなっており，本件債権放棄に係る債務を弁済するに足りるような収益を上げることはできなかった。

（イ）被告は，本件債権放棄が必要最小限度の支援とはいえない旨主張するが，原告は，本件債権放棄において，「短期借入金」，「長期借入金」及び「未払金」に係る債権全額を放棄したわけではなく，「未払金」の一部や「前受金」に係る債権についてはEに譲渡していたのであるから，本件債権放棄は，本件子会社2社に対する必要最小限度の支援というべきである（このことは，原告が，本件の事業譲渡において，のれん代を含む譲渡対象資産と同額の負債をEに譲渡し，譲渡対価を無償としたうえで，本件子会社2社に残った負債のみを本件債権放棄の対象としていたことからも明らかである。）。

　また，原告の財務改善計画は，本件事業譲渡と本件債権放棄を併せて行うことにより初めて利益を生み出すことが可能となるというものであり，償却前経常利益の存在のみに着目して本件債権放棄が必要最小限度の支援とはいえないとするのは全体のスキームを見誤っている。

　そして，本件事業譲渡につき不当に低廉な価格で行われた等の事情がな

い以上，これに伴う本件債権放棄も経済的合理性を有する適正なものというべきである。

②　裁判所の判断

| 争点1 | 本件債権放棄額が貸倒損失の額に該当するか否か |

(i)　基本通達9－6－1(2)（特別清算協定認可の決定に係る貸倒損失）について

基本通達9－6－1(2)が，特別清算の手続における金銭債権の消滅事由について，「特別清算に係る協定の認可の決定があった場合」に限定して，当該決定により切り捨てられることとなった部分の金額につき，貸倒れとして損金の額に算入するものと定めており（このことは，同通達が「等」といった文言を用いていないことからも明らかである。），特別清算協定認可の決定によらずに当事者間の合意で切り捨てられた部分の金額については損金算入を認める旨の文言が見当たらないことからすれば，特別清算手続において，裁判所の上記認可の決定によらずに個別和解等により切り捨てられることとなった部分の金額については，上記の場合に該当しないものとして，基本通達9－6－1(2)の適用を受けないものと解するのが相当である。

これに対し，原告は，税金対策で特別清算手続を利用する場合には個別和解によることが多く，この場合でも特別清算協定認可の場合と同様に裁判所の監督の下にある以上，基本通達9－6－1(2)が適用されるべきである旨主張する。

しかしながら，基本通達9－6－1(2)は，会社更生法又は民事再生法に基づく更生計画認可等の決定があった場合に関する同(1)と同様に，会社法に基づく特別清算協定認可の決定があった場合に当該決定により切り捨てられることになった部分の金額につき貸倒損失としての損金算入を認めているところ，これらの法的整理の手続において裁判所の決定に基づき法人の有する金銭債権が消滅する場合には，当該債権の消滅に係る協定及び計画の内容の合理性が法令の規制（特別清算協定につき，協定条項における権利変更の一般的基準や協定内

容の平等及び衡平等に関する会社法564条，565条等，更生計画認可等につき，同旨の規律に関する会社更生法167条，168条，170条等，民事再生法154条ないし157条等）及びこれに係る裁判所の審査と決定によって客観的に担保されているのに対し，特別清算手続における個別和解については，このような法令の規制及びこれに係る裁判所の審査と決定を欠いており，和解の合意内容は当事者間の自由な意思の合致に委ねられるため，基本通達9－6－1(2)所定の特別清算協定認可の決定の場合と同視することはできないから，基本通達9－6－1(2)の適用の前提を欠いており，これに準じて貸倒損失の損金算入を認めることもできないというべきであり，原告の上記主張は採用することができない。

　この点につき，原告は，個別和解も，裁判所の許可を受けた特別清算手続の一環として裁判所の監督の下に行われるものであり，本件債権放棄当時の本件子会社2社の債権者は原告及びその子会社（E）のみであったから，本件債権放棄に係る個別和解は，一定割合以上の債権者の同意を要件とする特別清算協定認可と同視し得る旨主張するが，特別清算手続において，特別清算協定によらない一部の債務に係る個別和解の合意の形成を裁判所の監督によって制限することは予定されておらず，単に当該個別和解に同意した債権者の全債権者中の割合のみをもってこれを特別清算協定認可と同視することはできないから，原告の上記主張も採用することができない。

(ii)　**基本通達9－6－1(4)（回収不能の債権の免除による貸倒損失）について**

ア．基本通達9－6－1(4)の適用の有無の検討にあたっても，当該債権の全額が回収不能であることが客観的に明らかであるか否かにつき，社会通念に従って総合的に判断されるべきものであると解するのが相当である（なお，この点につき，被告は，個別和解による債権放棄が債務超過の子会社を整理するためにその親会社により行われた場合には，それによって生じた損失に係る損金算入の可否は，専ら基本通達9－4－1の適用の有無によって決せられるべきであり，基本通達9－6－1(4)の適用の余地はない

旨主張するが、同(4)は、法人の有する金銭債権につき、「債務者の債務超過の状態が相当期間継続し、その金銭債権の弁済を受けることができないと認められる場合において、その債務者に対し書面により明らかにされた債務免除額」を貸倒損失として損金の額に算入するものと定めており、その適用範囲につき被告が主張するような限定を付していないから、この点に関する被告の主張は採用することができない。）。

イ 本件債権放棄は、原告が、その財務改善計画（本件計画）の一環として、自己のグループ会社の一部である本件子会社2社の事業を同じグループ会社の1つであるEに譲渡するのに伴い、原告が本件子会社2社に対して有する本件貸付金等債権の全額を放棄することとしたものであるところ、

① 本件子会社2社のうち、Cについては、平成16年から平成20年にかけて、売上高が約13億円から約23億円に漸次増加し、売上総利益も約6000万円ないし約8000万円程度で推移しており、預金額も平成20年12月期には合計約5500万円存在している一方、借入金については平成18年12月期以降は原告及びその企業グループ（Dグループ）に属する協同組合Kを債権者とするものしか残っていなかったこと（なお、解散時には原告を債権者とする短期借入金のみであった。）

② Bについては、上記の期間、売上高及び売上総利益が減少傾向に、借入金の額が増加傾向にあったものの、なお平成20年12月期の売上高は約4億4280万円、売上総利益は約3620万円の水準を維持しており、当該借入金の大半は原告を債権者とするものであったこと（なお、解散時には原告及びEを債権者とする借入金のみであった。）

③ 本件子会社2社については、本件計画上も人件費等の削減等により数千万円規模の財務改善が見込まれており、Eに対する本件事業譲渡後もこれらの事業の継続と経費の削減等により少なくとも約3000万円余の収益の改善が見込まれていたこと

からすれば、このような債務者（本件子会社2社）の資産状況や支払能力等の債務者側の事情に照らし、直ちに本件債権放棄に係る債権の全額が回

22

収不能であったとは言い難いというべきである。

　加えて、

④　原告及び協同組合Ｋの本件子会社２社に対する本件貸付金等債権を含む貸付金等債権については、原告のメインバンクであるＪ銀行も債権放棄を要請しておらず、借入金の全部又は大半に係る債権者である原告及び協同組合Ｋにおいてこれを直ちに回収しようとしていたといった事情もうかがわれないこと

⑤　本件事業譲渡の当事者であるＥと本件子会社２社がいずれも原告の子会社であること

に鑑みると、債権回収に必要な労力等の債権者側の事情や経済的環境等に照らしても、原告が無条件に本件債権放棄に係る損失を全額負担することに経済的合理性の観点から特段の必要性があったとはいえず、上記①ないし⑤の諸事情を踏まえて総合的に判断すれば、本件貸付金等債権の全額が客観的に回収不能であったということはできないというべきである。

ウ　原告は、債務超過の状態が相当期間継続していれば債務者が支払能力のない状態にあることが推認されるから基本通達９－６－１(4)所定の要件に該当する旨主張するが、同(4)の適用による貸倒損失の損金算入の可否については、債務者側の事情、債権者側の事情、経済的環境等の諸事情を踏まえた総合的な検討により社会通念に従って当該金銭債権の全額が回収不能であることが客観的に明らかであるか否かを判断すべきであり、債務者である法人の債務超過の状態が相当期間継続していることの一事をもって直ちに当該金銭債権が回収不能であることが推認されるものではない。

争点２　本件債権放棄額が寄附金の額に該当するか否かについて

(i)　**基本通達９－４－１（子会社を整理する場合の損失負担等）について**

ア．基本通達９－４－１が「解散、経営権の譲渡等」という文言を用いて、子会社等が解散された場合と子会社等を解散させずに他の企業に経営権の

譲渡等をした場合を並列的に記載していることに鑑みれば，法人の子会社等の解散に伴い債権放棄等をした場合には，当該法人が当該子会社につき経営権を事実上移譲しているか否かを問わず，同通達9－4－1の適用対象となり，その要件該当性の検討が必要になるものと解するのが相当である（なお，被告は，基本通達9－4－1は，法人がその子会社等につき経営権を事実上移譲して当該子会社の経営から撤退する場合に限り適用対象となると解すべきである旨主張するが，この通達の定めにはそのような限定の文言が付されていないことに加え，基本通達9－4－1の見出しが「子会社等を整理する場合の損失負担等」とされ，同9－4－2の見出しが「子会社等を再建する場合の無利息貸付け等」とされていること等からすれば，本件子会社2社の解散後に行われた本件債権放棄については，本件債権放棄がDグループの事業再編の一環として行われたこと等の被告の指摘に係る事情を踏まえても，すでに本件子会社2社が解散により整理されている以上，基本通達9－4－1の適用対象となり，その要件該当性の検討が必要になると解するのが相当であるから，被告の上記主張は採用することができない。）。

イ．基本通達9－4－1は，法人がその子会社等に対して債権放棄等をした場合において，その債権放棄等をしなければ今後より大きな損失を蒙ることになることが社会通念上明らかであると認められるためやむを得ずその債権放棄等をするに至ったなど，そのことについて相当な理由があると認められるときは，その債権放棄等により供与する経済的利益の額は，寄附金の額に該当しないものとする旨を定めているところ，この定めは，債権放棄等に経済的合理性の観点から特段の必要性があるか否かを判断する基準として相当なものであるということができる。

そして，債権放棄の額が寄附金の額に当たらないと認められるのが，法人税法の定める寄附金の損金算入限度額の制度の下での例外的な取扱いであることに鑑みると，法人の子会社等に対する債権放棄について，経済的合理性の観点から特段の必要性があるか否かを基準として上記の定めにい

うやむを得ずこれをするに至ったなどの相当な理由があるか否かを判断するにあたっては，証拠に基づいて認められる客観的な事実に即して判断すべきであり，当該法人の主観的な動機や目的のみによってこれを判断するのは相当ではないというべきである。

ウ．本件子会社２社は，売上高や売上総利益及び借入金の額の推移のほか，当該借入金の全部又は大半に係る債権者が原告及び協同組合Ｋであったこと，客観的に合理性のある計画として原告から提案されそのメインバンクであるＪ銀行により承認された本件計画における諸費用削減等の諸施策による財務及び収益の改善及びその規模の見通しに加え，本件貸付金等債権については上記の改善が見込まれる収益の中から将来的に一定の範囲で回収される可能性が想定されたものといえること等に照らすと，本件債権放棄の当時，所論のように倒産の危機に瀕した状況に至っていたとはいえないとみるのが相当である。

また，本件債権放棄は，Ｊ銀行からの要請を受けたものではなく，本件計画書上も明記されていないなど，原告における財務及び収益の改善の計画において必要不可欠のものであったとは言い難い。

そして，本件事業譲渡の当事者がいずれも原告の子会社であり，事業譲渡の条件に係る覚書の作成をしたＥの代表者が原告代表者であることに鑑みれば，原告は，本件事業譲渡の内容や条件について主体的かつ自由に判断することのできる立場にあったものといえ，他に本件子会社２社の整理にあたって本件貸付金等債権を処理しなければ両社の従業員の再雇用を余儀なくされて人件費の増大等により大きな損失が生ずるといった事情もうかがわれないことからすれば，本件債権放棄は，当時の状況の下で経済的合理性の観点から特段の必要性があったとは認め難く，基本通達９－４－１にいうやむを得ずこれをするに至ったなどの相当な理由があったとはいえないから，これにより消滅した本件貸付金等債権の債権額は，客観的にみて法人の収益を生み出すのに必要な費用又は法人がより大きな損失を蒙ることを避けるために必要な費用（費用としての性質が明白であり明確に

区別し得るもの）に当たるとはいえず，寄附金に該当しないものとして損
金算入を認めることはできないというべきである。

エ．J銀行が，原告の財務改善に関し，本件債権放棄を行うことを要請した
ことはなく，かえって，原告は，J銀行から不採算事業からの撤退や従業
員のリストラを含む抜本的な収益改善策を求められている中で，A子会社
3社の事業統合による事業継続をあえて選択し，本件事業譲渡や本件債権
放棄を内容とする財務改善計画書の策定を主導的に行ったこと等に照らせ
ば，本件債権放棄は，メインバンクであるJ銀行からの再三の要請にもか
かわらず，原告が本件子会社2社の事業を含む不採算事業からの撤退を拒
み，これらの事業の継続を前提とする財務及び収益の改善策のみを自ら策
定したことに伴い，他にさまざまな財務及び収益の改善策を数千万円規模
で掲記した本件計画書に記載することなく，J銀行の要請及び承認の対象
に含まれないDグループ内の内部的措置として行われたものとみるのが相
当であり，所論のJ銀行との関係や財務改善策との関連をもって，当時の
状況の下で経済的合理性の観点から特段の必要性があったと認めることは
できず，その有無に関する前記ウの判断が左右されるものとはいえない。

(ii) **基本通達9－4－2（子会社等を再建する場合の無利息貸付け等）につ
いて**

基本通達9－4－2は，法人がその子会社等に対して債権放棄等をした場合
において，その債権放棄等が例えば業績不振の子会社等の倒産を防止するため
にやむを得ず行われるもので合理的な再建計画に基づくものであるなど，その
債権放棄等をしたことについて相当な理由があると認められるときは，その債
権放棄等により供与する経済的利益の額は，寄附金の額に該当しないものとす
る旨を定めているところ，基本通達9－4－1の見出しが「子会社等を整理す
る場合の損失負担等」とされてその本文も専ら子会社等の「解散，経営権の譲
渡等」の場合が対象とされ，同9－4－2の見出しが「子会社等を再建する場
合の無利息貸付け等」とされてその本文も専ら子会社等の「再建」（「合理的な

再建計画」）の場合が対象とされていること等からすれば，本件子会社2社の解散後に行われた本件債権放棄については，すでに本件子会社2社が解散により整理されている以上，専ら基本通達9－4－1がその適用対象となるものと解するのが相当であり，子会社等を再建する場合に関する基本通達9－4－2はその適用対象とならないものというべきである。

(4)　東京高判平成29年7月26日TAINSコードZ267-13038

東京高裁は，補足的主張に対する判断のほかは，東京地裁判決の文言を若干修正するのみで，まったく同じ判断を行っているため，本書では解説を省略する。

(5)　第2会社方式の歴史

平成10年改正前法人税基本通達9－4－2では，子会社支援損失の範囲が無償又は低利による貸付けに限定されており，平成10年度法人税基本通達改正により，債権放棄等が含まれることになった。

その一方で，第2会社方式の記述は，平成10年度法人税基本通達改正前の文献から読み解くことができる。

まず，渡辺淑夫『寄附金課税の知識』130-131頁（財経詳報社，平成元年）では，第2会社方式を紹介したうえで，「その第二会社の設立から旧会社の清算に至る一連の行為が，旧会社を整理する過程で真に不可避的なものであり，他にこれに代わるべき合理的な方法もなかったと認められる場合には，税務上もこれを肯定せざるを得ないものと考えます。現に，このような方法による子会社整理について，親会社における貸倒れ損失の計上をやむを得ないものとして認めた個別事例はいくつか散見されるようです。」としたうえで，「ただし，これはあくまでも旧会社をそのまま存続させることが困難であることがその前提条件ですから，そのような差し迫った事情もないのに，単なるグループ内企業の再編成のための方策としてこのような第二会社方式を利用して部分的な債権放棄等をするといったことは，税務上も単純には認められないと解すべきで

しょう。」としている。

　ただし，平成10年以降では，平成大不況から脱却するために，本書が出版された時代に比べて，「旧子会社を存続させることが困難」というレベルではなく，「旧子会社を存続させないほうが望ましい」というレベルで子会社を整理することも少なくなかった。そのため，グループ内再編のための手法として第2会社方式を利用したとしても，当該第2会社方式により債権放棄等をしなければ今後より大きな損失を蒙ることになることが社会通念上明らかであると認められる場合には，寄附金として認定すべきではないと思われる。

　次に，東京国税局調査第一部調査審理課『Q＆A不良債権処理の税務判断』175-176頁（ぎょうせい，平成7年）では，第1会社（旧子会社）と第2会社（新子会社）との間において，持株関係，商号，所在地，役員構成，従業員，資産内容，事業内容，事業形態などを総合的に勘案して，同一性のない場合には法人税基本通達9－4－1の適用を認め，同一性がある場合には適用を認めないものとしている。

　すなわち，子会社の事業を廃止する場合や経営権を譲渡する場合だけでなく，子会社の再生手段として第2会社方式を利用する場合であっても，旧子会社と新子会社との間に同一性がなければ，法人税基本通達9－4－1を適用することができるというのが当時の解釈であったと考えられる。

　平成10年度法人税基本通達改正後は，法人税基本通達9－4－2により判断すべきであるとする見解も出てきた。また，本事件においても，国側は，「本件の場合，特別清算手続による本件債権放棄が，Dグループの財務改善計画という一連の事業再編の枠組みの一環として本件子会社2社に対して行われたものであるから，本件債権放棄により生じた損失負担の寄附金該当性については，基本通達9－4－2によって判断するのが相当である。」と主張している。

　これに対し，東京地裁は，「被告は，基本通達9－4－1は，法人がその子会社等につき経営権を事実上移譲して当該子会社の経営から撤退する場合に限り適用対象となると解すべきである旨主張するが，この通達の定めにはそのような限定の文言が付されていないことに加え，基本通達9－4－1の見出しが

『子会社等を整理する場合の損失負担等』とされ，同9－4－2の見出しが『子会社等を再建する場合の無利息貸付け等』とされていること等からすれば，本件子会社2社の解散後に行われた本件債権放棄については，本件債権放棄がDグループの事業再編の一環として行われたこと等の被告の指摘に係る事情を踏まえても，すでに本件子会社2社が解散により整理されている以上，基本通達9－4－1の適用対象となり，その要件該当性の検討が必要になると解するのが相当であるから，被告の上記主張は採用することができない。」と判示している。

　このことから，通常清算を用いた第2会社方式も，特別清算の和解型を用いた第2会社方式も，法人税基本通達9－4－1により判断するという裁判所の判断が示されたといえる。すなわち，平成10年改正前法人税基本通達と同様の考え方により判断すればよいということがわかる。

　ちなみに，かつては，特別清算による風評被害を恐れ，通常清算を用いた第2会社方式が一般的であった。その後，そのような風評被害がほとんどないことがわかると，特別清算の和解型を用いるようになり，平成18年から平成20年くらいになると，特別清算の和解型を用いるのが一般的になった。すなわち，約10年間，一部の実務家において，「特別清算の和解型であれば，何の問題もなく貸倒損失として損金の額に算入できる」という風潮があった可能性は否めない。

　その一方で，通常清算を用いた第2会社方式に関与をしたことのある実務家からすると，「特別清算の和解型であれば，税務調査に通りやすいが，実質的に判断されるリスクがあるから，旧子会社と新子会社の同一性を排除しておこう」というのが一般的な対応であったと思われる。そして，同一性の排除の根拠は，前述の東京国税局調査第一部調査審理課『Q＆A不良債権処理の税務判断』175-176頁である。

　本事件の結論は，それほど違和感のあるものではないが，国税局，税務署が特別清算の和解型を用いた第2会社方式に対して厳しく対応する可能性が否めないことから，従来以上に，旧子会社と新子会社の同一性を排除しておく必要

があると考えられる。

(6) 法人税基本通達9-6-1に該当しない理由

法人税基本通達9-6-1(2)では、「特別清算に係る協定の認可の決定があった場合において、この決定により切り捨てられることとなった部分の金額」につき、貸倒れとして損金の額に算入することが明らかにされている。すなわち、文言上、特別清算の協定型について規定されており、和解型については規定されておらず、法人税基本通達9-6-1(2)により判断すべきとする見解も、同通達を「準用」すべきであるとしていた。

そのため、東京地裁が「特別清算協定認可の決定によらずに当事者間の合意で切り捨てられた部分の金額については損金算入を認める旨の文言が見当たらないことからすれば、特別清算手続において、裁判所の上記認可の決定によらずに個別和解等により切り捨てられることとなった部分の金額については、上記の場合に該当しないものとして、基本通達9-6-1(2)の適用を受けないものと解するのが相当である。」、「特別清算手続における個別和解については、このような法令の規制及びこれに係る裁判所の審査と決定を欠いており、和解の合意内容は当事者間の自由な意思の合致に委ねられるため、基本通達9-6-1(2)所定の特別清算協定認可の決定の場合と同視することはできない。」と判示した点については、一応の合理性は認められる。

もちろん、法人税基本通達の前文において「この通達の具体的な運用に当たっては、法令の規定の趣旨、制度の背景のみならず条理、社会通念をも勘案しつつ、個々の具体的事案に妥当する処理を図るように努められたい。いやしくも、通達の規定中の部分的字句について形式的解釈に固執し、全体の趣旨から逸脱した運用を行ったり、通達中に例示がないとか通達に規定されていないとかの理由だけで法令の規定の趣旨や社会通念等に即しない解釈におちいったりすることのないように留意されたい。」と記載されていることから、東京地裁判決の内容は形式的過ぎると思われるが、東京高裁判決でも同様の判断が下されていることから、今後の実務では、法人税基本通達9-6-1(2)を適用す

ることはできない。

　これに対し，法人税基本通達9－6－1⑷では，「債務者の債務超過の状態
が相当期間継続し，その金銭債権の弁済を受けることができないと認められる
場合において，その債務者に対し書面により明らかにされた債務免除額」につ
き，貸倒れとして損金の額に算入することが明らかにされている。

　かつて，大阪地判昭和33年7月31日行政事件裁判例集9巻7号1403頁では，
以下の事実により債権放棄が回収不能によるものとは言えず，法人税基本通達
9－6－1⑷を適用することができないと判示していた。

- 原告と訴外会社とは特殊密接な関係にあり，原告が訴外会社に対し監督
  及び援助をしていたこと。
- 訴外会社に対する原告以外の債権者が債権を放棄していないこと。
- 債権放棄当時，訴外会社は債務超過の状態にあったけれども，なお借入
  金を返済していたこと。
- 原告は債権放棄後においてもなお訴外会社に対し資金の貸付けをしてい
  たこと。
- 訴外会社にとって有利な客観情勢が見えはじめており，広告収入も増え，
  購読者も増加する見込みであったこと。
- 原告としては債権につき何ら回収の手段を講じていないこと。
- 債権放棄の主たる理由が，原告みずからの投融資の安全をはかり，訴外
  会社を身売りする場合に貸借対照表がきたないと高く売れないから，債
  権を放棄して貸借対照表をきれいにしておき，時期を見て高く売りつけ
  ようとしたことにあったこと。

　なお，「原告と訴外会社とは特殊密接な関係にあり」とされていることから，
子会社，関連会社に対する債権放棄に対して，法人税基本通達9－6－1⑷を
適用することができないように誤解を受けてしまうが，「なるほど原告と右訴
外会社との間に特殊密接な関係があること，あるいは回収手段をとらなかった
ことだけでは，債権放棄を回収不能によるものではないと見るわけにはいかな

いけれども」とされているため，子会社，関連会社に対する債権放棄であることを理由として，法人税基本通達9－6－1⑷の適用が否定されるわけではない。

　そして，本事件においても，東京地裁が「この点につき，被告は，個別和解による債権放棄が債務超過の子会社を整理するためにその親会社により行われた場合には，それによって生じた損失に係る損金算入の可否は，専ら基本通達9－4－1の適用の有無によって決せられるべきであり，基本通達9－6－1⑷の適用の余地はない旨主張するが，同⑷は，法人の有する金銭債権につき，『債務者の債務超過の状態が相当期間継続し，その金銭債権の弁済を受けることができないと認められる場合において，その債務者に対し書面により明らかにされた債務免除額』を貸倒損失として損金の額に算入するものと定めており，その適用範囲につき被告が主張するような限定を付していないから，この点に関する被告の主張は採用することができない。」と判示しているため，この点についての矛盾はない。

　ただし，東京地裁は，債務者の資産状況，支払能力や将来の財務改善などを考慮して，直ちに本件債権放棄に係る債権の全額が回収不能であったとは言い難いとしている。そうであれば，回収不能部分のみを貸倒損失として認めてもよさそうなものであるが，大阪地判昭和33年7月31日行政事件裁判例集9巻7号1403頁，宇都宮地判平成15年5月29日税務訴訟資料253号（順号9355）でも，回収不能部分だけでなく，債権放棄額の全額について寄附金として認定している。

　このことから，理論的には，法人税基本通達9－6－1⑷に該当する場合もあるのかもしれないが，実務上は，同通達9－4－1により判断せざるを得ないことが多いと考えられる。

⑺　法人税基本通達9－4－1の検討

　法人税基本通達9－4－1では，「法人がその子会社等の解散，経営権の譲渡等に伴い当該子会社等のために債務の引受けその他の損失負担又は債権放棄

等（以下９－４－１において「損失負担等」という。）をした場合において，その損失負担等をしなければ今後より大きな損失を蒙ることになることが社会通念上明らかであると認められるためやむを得ずその損失負担等をするに至った等そのことについて相当な理由があると認められるときは，その損失負担等により供与する経済的利益の額は，寄附金の額に該当しないものとする。」と規定している。

そして，本事件では，東京地裁が「債権放棄の額が寄附金の額に当たらないと認められるのが，法人税法の定める寄附金の損金算入限度額の制度の下での例外的な取扱いであることに鑑みると，法人の子会社等に対する債権放棄について，経済的合理性の観点から特段の必要性があるか否かを基準として上記の定めにいうやむを得ずこれをするに至ったなどの相当な理由があるか否かを判断するに当たっては，証拠に基づいて認められる客観的な事実に即して判断すべきであり，当該法人の主観的な動機や目的のみによってこれを判断するのは相当ではないというべきである。」と判示している。

もともと，法人税基本通達９－４－１，９－４－２の根拠は極めて不明確である。東京地裁は，「費用としての性質が明白であり明確に区別し得るもの」であれば，寄附金に該当させないことも許容できるとしているが，そもそも寄附金の制度は，事業性がある支出なのか，それ以外の支出なのかが不明であることから，グレーなものを含めて寄附金として処理したうえで，一定の損金算入限度額を認めるという枠組みになっており，「経済合理性」という判断は，寄附金の規定には考慮されていない。

また，同通達９－４－１及び９－４－２の導入のきっかけとなった大阪高判昭和53年３月30日訟務月報24巻６号1360頁に対しても「寄付金の要件として，合理的な経済目的を考慮することは許されないであろう。そもそも取引の個別の事情により対処することをせず，そのかわりにいかなる場合であっても一定限度の損金算入を認めるというのが寄付金の規定の趣旨なのである。取引の経済目的を考慮することは先の納税者の主張すること以上に不明確なものとなり三七条の趣旨に反するといわなければならない。結局，寄付金の認定において

も現行法上経済目的を考慮する余地はないのである。（水野忠恒「判批」ジュリスト686号159頁（昭和54年））」という指摘がある。

そのことから，法人税法の体系からすると，法人税基本通達9－4－1，9－4－2の存在は，やや理論的でないといえる。そのため，実務上は，前述の東京国税局調査第一部調査審理課『Ｑ＆Ａ不良債権処理の税務判断』175-176頁を参考にして同一性の排除を行わざるを得ない。

本事件では，原告が主張していないことから不明であるが，同一性の排除が不十分であったことから，上記のような結論に至った可能性がある。倒産の危機に瀕していなくても，従業員のリストラを行ったり，事業所を閉鎖したりすれば，今後の損失の拡大を避けるためにやむを得ない処理であったと認定された可能性はあったと思われる。

判決文を見る限り，旧会社3社の統合を前提としているものの，旧会社の資産のおおむね全部が新会社に移転しており，管理コストの削減といっても，統合後の効率化がメインであり，事業譲渡のタイミングで従業員のリストラが行われていなかった可能性が高い。

なぜなら，「原告は，Ｊ銀行から不採算事業からの撤退や従業員のリストラを含む抜本的な収益改善策を求められている中で，Ａ子会社3社の事業統合による事業継続をあえて選択し，本件事業譲渡や本件債権放棄を内容とする財務改善計画書の策定を主導的に行ったこと等に照らせば，本件債権放棄は，メインバンクであるＪ銀行からの再三の要請にもかかわらず，原告が本件子会社2社の事業を含む不採算事業からの撤退を拒み，これらの事業の継続を前提とする財務及び収益の改善策のみを自ら策定したことに伴い，他に様々な財務及び収益の改善策を数千万円規模で掲記した本件計画書に記載することなく，Ｊ銀行の要請及び承認の対象に含まれないＤグループ内の内部的措置として行われたものとみるのが相当であ（る）」と判示されているからである。

それがゆえに，メインバンクであるＪ銀行との関係や財務改善策との関連をもって，当時の状況の下で経済的合理性の観点から特段の必要性があったと認めることはできないと判示されている。本事件では，Ｊ銀行の要請に従って，

不採算事業からの撤退や従業員のリストラを含めたうえでの第2会社方式を実行していれば，法人税基本通達9－4－1を適用することができた可能性が高いと思われる。

⑻　小　　括

このように，本事件が公表された後であっても，第2会社方式を行う場合には，旧会社と新会社の同一性を排除することが重要であるといえる。そういう意味では，法人税基本通達の根拠が変わっただけで，実務上の留意事項は何ら変わらないといえる。しかし，従来と異なり，特別清算（和解型）を用いたとしても，通常清算と同様に取り扱われることから，特別清算（和解型）であれば，寄附金として否認されるリスクが低くなるとまではいえなくなった。

さらに，後述するように，東京高判令和元年12月11日（TPR事件）により，同一性の排除については，従来よりも厳しい判断がなされる可能性が否定できなくなった。なぜなら，事業用の建物や設備を新会社に移転させずに親会社に移転させたにもかかわらず，旧会社と新会社の同一性があると認定されたため，法人税基本通達9－4－1の要件を満たすために，旧会社と新会社の同一性を排除するためには，事業用の建物や設備を新会社に移転させずに親会社に移転させるだけでは足りないといえるからである。そのため，今後の実務では，旧会社と新会社の同一性の排除について，かなり慎重に行う必要があると考えられる。

2　東京高判令和元年12月11日Westlaw Japan 文献番号 2019WLJPCA12116002（TPR事件）

⑴　概　　要

TPR事件とは，平成22年3月1日に行われた適格合併による繰越欠損金の引継ぎに対して，包括的租税回避防止規定が適用された事件である。本事件で

は，平成24年7月27日付けで平成22年3月期の確定申告に対して更正処分を受けていたにもかかわらず，平成27年6月26日付けでもう一度更正処分を受けているが，このように同じ事業年度の確定申告について2回も税務調査を受けることは稀である。

　さらに，本件適格合併を行う前に，東京国税局に対して，平成14年3月から特定資本関係（現行法では「支配関係」に名称変更）が継続しているという認識で問題がないかという問い合わせをしている。その際に，包括的租税回避防止規定（法法132の2）についての回答は得られるはずはないが，その時の東京国税局の対応からして，「おそらく租税回避だとは認識していないだろう」という心証を得ていたことは推察される。このような事情があったとしても，包括的租税回避防止規定に対するリスクが軽減されるわけでもないということで，実務上はかなり慎重に対応しなければならないことがわかる。

　また，平成22年3月1日に行われた適格合併による繰越欠損金の引継ぎについての事件であることから，TPR事件で争われているのが，平成22年改正前法人税法に係る事件であるという点にご留意されたい。後述するように，東京地裁の判旨は，平成22年度税制改正と整合しない。そうなると，現行法に当てはめたときに，TPR事件の射程がどこまで及ぶのかという点が問題になってくる。

　TPR事件の特徴として，適格合併を行う前に，被合併法人で行っていた事業を新会社に移転したという点が挙げられる。具体的には，被合併法人と商号，目的及び役員構成が同一の新会社を設立し，合併の効力発生日に，被合併法人の従業員全員が当該新会社に転籍している。さらに，合併の効力発生日に，新会社に対して，被合併法人が営んでいた事業に係る棚卸資産等を譲渡するとともに，未払費用等の負債を承継させている。このように，被合併法人が営んでいた事業，従業員が新会社に移転し，合併法人には移転していないことから，本件合併が繰越欠損金を引き継ぐための行為であり，事業目的が十分に認められないようにも思える。

　しかしながら，被合併法人から合併法人に対して，被合併法人が営んでいた

36

事業に係る工場の建物及び製造設備を引き継いだうえで，合併法人から新会社に対して，当該工場の建物及び製造設備を賃貸している。そのため，本件組織再編成が行われる前の被合併法人の貸借対照表と本件組織再編成が行われた後の新会社の貸借対照表は全く別物になっていることから，事業目的の存在が十分に認められるようにも思える。

これに対し，賃貸借の対象となった建物及び製造設備に係る減価償却費等に相当する賃料を新会社から合併法人に対して支払っていることから，一見，本件組織再編成に伴って新会社の損益計算書は改善されていないようにも見える。そのため，東京地裁は，新会社の損益構造の改善は，仕入価格の変更によるものであり，合併によらずとも達成可能であったとして，納税者の主張を認めず，東京高裁も同様の判断を行った。

このように，東京地裁及び東京高裁の判断は，納税者にとって厳しいものとなっており，事業目的の存在を主張するにしても，丁寧な事実関係の積み重ねが必要になることがわかる。さらにいえば，本事件における東京地裁の判断を決定付けたのは，「裁判官の心証」といっても過言ではない。

子会社の経営改善のための組織再編成ではなく，適格合併による繰越欠損金の引継ぎを享受するための組織再編成であるかのような印象を持たれるような会議資料が作成された結果，明らかに事業目的が存在する組織再編成について，「税負担の減少が主目的である」と判示されずに，「法人税の負担を減少させること以外に本件合併を行うことの合理的な理由となる事業目的その他の事情があったとは認められない」と判示されてしまっていることから，税務調査の段階において，事業目的の存在が十分に認められる証拠資料をきちんと整備しておけば，異なる結論になっていた可能性はあったといえる。

(2) 事実関係

- 平成21年12月11日に，原告の経営企画室に所属していたFからE及び原告の専務取締役Iに対して送られたメールには，検討中の増減資案とは別案を検討していること，別案の「ねらい」として，旧a社の累積の欠損金が

同社が7年以内に節税に利用することができる可能性が低いことへの対策であることが記載され，その具体的内容として，同社を原告に合併することにより旧a社の欠損金を原告が引き継ぐことができること，合併と同時に新会社を設立して旧a社の従業員を新会社に転籍させ，合併後，原告内に，「原材料の調達等を行うことを想定した部門（岡山工場）」ができ，新会社は人員のみを抱えた賃加工会社の形態となり，原告から設備を貸与され，材料も支給されることとなって，原則として利益も赤字も出ない会社となることなどが記載されていた。

- 平成21年12月15日の会議では，旧aの債務超過解消の方法として，①100%減資の活用，②組織再編税制の活用，③連結納税制度の活用についての説明，比較検討が行われていた。このうち，②の方法については，そのメリットとして，資産等を簿価で引き継ぐことができることのほか，税務上の繰越欠損金を引き継ぐことができること等が挙げられていた。一方，デメリットとしては，労働条件（賃金体系）を合わせるために人件費の上昇につながることなどが挙げられていた。原告の経理部からは，税務上のメリットだけなら②の案が最有力であるが，人件費の上昇がネックであるため，この問題を回避する「秘策」として，旧a社の従業員のみを現行の労働条件のまま引き継ぐための新会社を設立することが加えられていた。なお，同会議に提示された書面では，新会社が原告の業務委託会社となり，労務費のみが発生する損益が差し引きゼロになる会社になることが記載されていた。
- 平成21年12月21日の経営会議では，おおむね了解が得られたものの，新会社が原告の業務委託会社にする案については了解が得られなかった。
- 平成22年1月13日の経営会議では，新会社は，旧a社の事業内容を継承し，会社設立に伴う変更手続は最小限とすることなどが記載されていた。さらに，旧a社の従業員は新会社に転籍し，旧a社の労働条件を継承すること，同社の資産・負債は合併により原告に移転するが，移転後，旧a社の棚卸資産（製品・仕掛・原材料等）は新会社に売却し，旧a社の退職給与債務

38

は同社解散時に精算せず新会社に移転すること，勤続計算も継続扱いとすることなどが記載されていた。さらに，本経営会議では，新会社に責任を持たせるために，設備の減価償却費を新会社に負担させる案が提案された。

- 平成22年1月27日の常務席会議では，固定資産に係る減価償却費等を新会社に請求し負担させること，新会社からの仕入価格を原価の実態に合わせた金額にすることなどを前提として，原告が新会社から仕入れる製品の仕入価格を見直すことが提案され，承認された。このことにより，原告内に「原材料の調達等を行うことを想定した部門」は不要とされ，新会社が原告の業務委託会社となる当初案は廃案となった。

(3)　東京地判令和元年6月27日Westlaw Japan 文献番号2019 WLJPCA06278001

　東京地裁では，争点1として「特定資本関係が合併法人の当該合併に係る事業年度開始の日の5年前の日より前に生じている場合に法人税法132条の2を適用することができるのか否か」，争点2として「本件合併が法人税法132条の2にいう『法人税の負担を不当に減少させる結果となると認められるもの』に当たるか否か」がそれぞれ争われている。

　このうち，争点1について，東京地裁は「法人税法57条3項は，同条2項に関する否認とその例外の要件を全て書き尽くしたものとはいえず，同条3項が特定資本関係5年以下の組織再編成と5年超の組織再編成を区別して規定しているからといって，特定資本関係5年超の組織再編成について一般的否認規定の適用が排除されているとはいえない」と判示しており，後述する東京高裁も同様の判断を行っている。この判断は妥当であり，特に異論はない。

　これに対し，争点2に対する東京地裁の判断は，著しい問題があることから，ここではその全文を紹介することとする。

【裁判所の判断】

　(1)…の法人税法132条の2の趣旨及び目的からすれば，同条にいう「法人

税の負担を不当に減少させる結果となると認められるもの」とは，法人の行為又は計算が組織再編税制に係る各規定を租税回避の手段として濫用することにより法人税の負担を減少させるものであることをいうと解すべきであり，その濫用の有無の判断に当たっては，①当該法人の行為又は計算が，通常は想定されない組織再編成の手順や方法に基づいたり，実態とはかい離した形式を作出したりするなど，不自然なものであるかどうか，②税負担の減少以外にそのような行為又は計算を行うことの合理的な理由となる事業目的その他の事由が存在するかどうか等の事情を考慮した上で，当該行為又は計算が，組織再編成を利用して税負担を減少させることを意図したものであって，組織再編税制に係る各規定の本来の趣旨及び目的から逸脱する態様でその適用を受けるもの又は免れるものと認められるか否かという観点から判断するのが相当である（平成28年最判参照）。

(2)ア　平成13年度税制改正により導入された組織再編税制の基本的考え方は，実態に合った課税を行うという観点から，原則として，移転資産等についてその譲渡損益の計上を求めつつ，移転資産等に対する支配が継続している場合には，その譲渡損益の計上を繰り延べて従前の課税関係を継続させるというものである。このような考え方から，組織再編成による資産等の移転が形式と実質のいずれにおいてもその資産等を手放すものであるとき（非適格組織再編成）は，その移転資産等を時価により譲渡したものとされ，譲渡益又は譲渡損が生じた場合，これらを益金の額又は損金の額に算入しなければならないが（法人税法62条等），他方，その移転が形式のみで実質においてはまだその資産等を保有しているということができるものであるとき（適格組織再編成）は，その移転資産等について帳簿価額による引継ぎをしたものとされ（同法62条の2等），譲渡損益が生じないものとされている。

　また，上記のような考え方から，組織再編成に伴う未処理欠損金額の取扱いについても，基本的に，移転資産等の譲渡損益に係る取扱いに合わせて従前の課税関係を継続させることとするか否かを決めることとされており，適格合併が行われた場合については，被合併法人の前7年内事業年度において生じた未処理欠損金額は，それぞれ当該未処理欠損金額の生じた前7年内事業年度の開始の日の属する合併法人の各事業年度において生じた欠損金額とみなすものとして（同法57条2項），その引継ぎが認められている。

イ　ところで，適格合併には，大別して，企業グループ内の適格合併（法人税法2条12号の8イ及びロ）と共同事業を営むための適格合併（同号ハ）があるところ，いずれについても移転資産の対価として株式又は出資以外の資産の交付がされないことが要件とされている。これは，株式又は出資以外の資産の交付がされる場合には，その経済実態は通常の売買取引と異なるところがなく，移転資産に対する支配が継続していないこととなるなど，組織再編成の前後で経済実態に実質的な変更がないとはいえなくなるからであると考えられる。また，上記要件に加えて，共同事業を営むための適格合併については共同事業要件（施行令4条の2第4項各号）が必要とされ，企業グループ内の適格合併についても，完全支配関係がある場合と異なり支配関係があるにすぎない場合には，いわゆる従業者引継要件（法人税法2条12号の8ロ(1)）及び事業継続要件（同(2)）が必要とされている。

　以上の法人税法等の規定に加え，前記アの組織再編税制の基本的な考え方の「移転資産等に対する支配が継続している場合」としては，当該移転資産等の果たす機能の面に着目するならば，被合併法人において当該移転資産等を用いて営んでいた事業が合併法人に移転し，その事業が合併後に合併法人において引き続き営まれることが想定されているものといえるところ，このことからすれば，組織再編税制は，

組織再編成による資産の移転を個別の資産の売買取引と区別するために，資産の移転が独立した事業単位で行われること及び組織再編成後も移転した事業が継続することを想定しているものと解される。そして，完全支配関係がある法人間の合併は，いわば経済的，実質的に完全に一体であったものを合併するものといえるのに対し，支配関係がある場合の合併や共同事業を営むための合併の場合には，経済的同一性・実質的一体性が希薄であることから，上記の基本的な考え方に合致するように，従業者引継要件及び事業継続要件等の要件が付加されているものと考えられる。このように，組織再編成税制は，完全支配関係がある法人間の合併についても，他の2類型の合併と同様，合併による事業の移転及び合併後の事業の継続を想定しているものと解される。

そうすると，法人税法57条2項についても，合併による事業の移転及び合併後の事業の継続を想定して，被合併法人の有する未処理欠損金額の合併法人への引継ぎという租税法上の効果を認めたものと解される。

ウ　そこで，本件合併が不当性要件を満たすか否かについて判断するに当たっては，前記(1)の①及び②の点を考慮した上で，本件合併が，組織再編成を利用して税負担を減少させることを意図したものであって，上記の法人税法57条2項の趣旨及び目的から逸脱する態様でその適用を受けるものと認められるか否かという観点から判断するのが相当である。

以上に反する原告の主張は，上記説示に照らし，採用することができない。

(3)　本件合併に関する検討

ア（ア）　前記前提事実のとおり，原告は，本件合併により旧a社を吸収

合併したものの，本件合併に併せて新ａ社を設立し（本件設立），本件合併と同日，本件転籍，本件譲渡及び本件賃貸借が行われた。これにより，本件事業に従事していた旧ａ社の従業員は原告を経ずに同一労働条件で新ａ社に引き継がれ，本件事業に係る本件棚卸資産等も同社に引き継がれた。また，本件事業に係る本件製造設備等についても，その所有こそ原告に帰属したものの，減価償却費相当額は賃借料という名目で新ａ社が負担することとなった。さらに，旧ａ社が締結していたリース契約は，本件合併後新ａ社に引き継がれ，同社の取引先も旧ａ社の取引先と同一であったほか，本件設立当時の新ａ社の商号，目的及び役員構成も旧ａ社のそれと同一であり，新ａ社の本店所在地も，設立当時こそ旧ａ社と異なっていたものの，本件合併の翌日には同社の解散当時の本店所在地に移転された。

　以上の事情に照らすと，本件合併とともに本件設立，本件転籍，本件譲渡及び本件賃貸借が行われたことによって，実態としては，旧ａ社の営んでいた本件事業はほぼ変化のないまま新ａ社に引き継がれ，原告は，旧ａ社の有していた本件未処理欠損金額のみを同社から引き継いだに等しいものということができる。そうすると，本件合併は，形式的には適格合併の要件を満たすものの，組織再編税制が通常想定している移転資産等に対する支配の継続，言い換えれば，事業の移転及び継続という実質を備えているとはいえず，適格合併において通常想定されていない手順や方法に基づくもので，かつ，実態とはかい離した形式を作出するものであり，不自然なものというべきである（前記(1)①）。

（イ）　原告は，本件合併は実態を伴うものであったとし，その理由として，旧ａ社や原告のアルミホイール製造事業の損益構造が変更され，ｂ社からの受注量減少に伴う赤字リスクを原告が負担する

ようにビジネスモデル（事業リスクの所在）が変更され，併せて原告における重要な事業として，その管理体制が強化されたなどと主張する。

　そこで検討すると，確かに，本件製造設備等は原告の所有となったものの，新a社は，本件賃貸借により減価償却費相当額の賃借料を負担することとなったものであるし，b社からの受注量減少に伴う赤字リスクを原告が負担することとなったのは，旧a社との間で行うことも可能であった本件単価変更によるものであることに照らせば，本件合併自体の効果によって原告の主張する損益構造の変更，事業リスクの所在の変更が生じたと評価することは相当でないといわざるを得ない。また，原告における本件事業の管理体制の強化についても，旧a社の事業を原告における予算会議の審議対象とすることなどにより，本件合併によらずとも実現可能であったということができる。

　したがって，原告の上記主張を採用することができない。

イ（ア）　上記アのとおり，実態としては，旧a社の営んでいた本件事業はほぼ変化のないまま新a社に引き継がれ，原告は，旧a社の有していた本件未処理欠損金額のみを同社から引き継いだに等しいものといえるところ，前記認定事実のとおり，本件合併の検討に当たっては，終始，「メリット」「ねらい」などとして，本件未処理欠損金額を利用した節税効果が挙げられていた。

　また，本件合併について検討を始めた当初は，原告内に新たな部門を設け，生産委託会社として設立した新会社にアルミホイールの製造を委託することが検討されるなど，本件事業を原告の一部門として取り込むことにより旧a社の損益を改善するといった事業目的もあったものといえるものの，結局は，原告内に新たな部門が設置されることはなく，本件事業は新a社に引き継がれ，

本件製造設備等の減価償却費相当額を同社に負担させるとの方針が決まった頃（平成22年1月13日頃）以降は，本件合併自体によって本件事業の損益状況の改善を図るという目的を達成することはできない状況にあったといえる。そして，このことは，同日の経営会議において，原告の購入価格を高く設定しないと新会社は黒字にならないのではないかという発言や，節税効果だけではないかとの発言があったことからみても，原告経営陣において当然認識されていたということができる。

以上の本件合併及びこれに伴う本件設立等の検討経緯等に照らすと，本件合併の主たる目的は本件未処理欠損金額の引継ぎにあったものとみるのが相当であり，前記アで述べた本件合併の不自然さも考慮すると，税負担の減少以外に本件合併を行うことの合理的理由となる事業目的その他の事由が存在するとは認め難いといわざるを得ない（前記(1)②）。

なお，原告は，前記(1)②にいう「事業目的」について，原告取締役会において合併契約の承認決議がされた平成21年12月21日の時点で判断するべきであると主張するが，法人税法132条の2の趣旨及び目的（…）に照らし，そのような限定をすることは相当でない。

（イ）　これに対し，原告は，本件合併による法人税の負担減少は副次的効果にすぎず，目的の一つですらなかったなどと主張し，Dも，証人尋問において，税務上のメリットを考慮しなかったとか，審議・議論の対象とはならなかったなどと供述するものの，前記認定事実のとおり，経営会議や取締役会において経営企画室や経理部から資料として示された書面には，常に未処理欠損金額を引き継ぐことによる節税に関する記載があったこと等に照らし，いずれも採用することはできない。

（ウ）　また，原告は，本件合併について，本件事業の損益構造の変更やその管理体制の強化といった正当な事業目的があったと主張する。

　　　しかしながら，前記のとおり，ｂ社からの受注量減少に伴う赤字リスクを原告が負担することとなったのは本件単価変更によるものであるし，原告における本件事業の管理体制の強化も本件合併によらずとも実現可能であったことからすると，本件合併や本件設立等の諸策を検討する中で損益構造の変更や管理体制の強化の観点からの施策が取られたことがあったにせよ，これらが本件合併自体の主たる目的であったということはできず，前記（ア）の判断を左右するものとはいえない。

ウ　前記ア及びイのとおり，本件合併は，通常想定されない組織再編成の手順や方法に基づくものであり，実態とはかい離した形式を作出するものであって，その態様が不自然なものであることに加えて，本件未処理欠損金額の引継ぎによって原告の法人税の負担を減少させること以外に本件合併を行うことの合理的な理由となる事業目的その他の事情があったとは認められないことからすれば，本件合併は，組織再編成を利用して税負担を減少させることを意図したものであって，法人税法57条２項の本来の趣旨及び目的から逸脱する態様でその適用を受けるものというべきである。

　そうすると，本件合併は，組織再編税制に係る上記規定を租税回避の手段として濫用することによって法人税の負担を減少させるものとして，法人税法132条の２にいう「法人税の負担を不当に減少させる結果となると認められるもの」に当たるということができる。

⑷ 東京高裁判決

① 争点1

　東京高裁でも、「法人税法57条３項自体、グループ外の法人が有する未処理
欠損金額を利用した租税回避行為を防止するために設けられた規定であるにと
どまり、未処理欠損金額を利用したあらゆる租税回避行為を前提として網羅的
に定めたものとはいえないことや、同法57条３項において、その適用の有無を
区別する特定資本関係５年超要件が、直ちに一般的否認規定の適用の有無に帰
結するものとも解されないことからすると、同法57条３項が、特定資本関係５
年超要件を充たす適格合併には一般的否認規定を適用しない趣旨を明確にした
と解することは困難である。」と判示しており、納税者（控訴人）の主張を認
めなかった。この判断は妥当であり、特に異論はない。

　しかしながら、「完全支配関係下の適格合併において事業継続要件（同法２
条12号の８ロ⑵）が求められていないのは、元々経済的に同一であった被合併
法人と合併法人が合併する場合であるからであることを意味するにすぎず、ま
た、証拠（乙21、23）によれば、組織再編税制の立案担当者も、適格合併にお
いては、組織再編成前に行われていた事業が組織再編成後に継続することを前
提にしている旨を説明していたことが認められるのであって、完全支配関係下
の適格合併について、法人税法57条２項の趣旨において、およそ事業の継続が
考慮されていないものと解することは困難であるものと考えられる。また、組
織再編成に係る租税回避を包括的に防止するという法人税法132条の２の前記
の趣旨からすると、完全支配関係の金銭等不交付要件のみを充たせば、同法57
条３項により個別に否認されない限り、同条２項により未処理欠損金額の引継
ぎが認められると解することや、完全支配関係による適格合併が、一律に租税
回避のおそれがない類型に当たると解することもできないというべきである。
よって、控訴人の主張を採用することはできない。」との判示には、後述する
争点２と同様の問題があるといえる。

②　争点2

　東京高裁は，「確かに，完全支配関係にある法人間の適格合併については（法人税法2条12号の8イ），支配関係にある法人間の適格合併におけるような従業者引継要件及び事業継続要件（同条12号の8ロ）の定めは設けられていない。しかしながら，原判決第5・3⑵が説示するように，組織再編税制は，組織再編成の前後で経済実態に実質的な変更がなく，移転資産等に対する支配が継続する場合には，その譲渡損益の計上を繰り延べて従前の課税関係を継続させるということを基本的な考え方としており，また，先に組織再編税制の立案担当者の説明を引用して判示したとおり，組織再編税制は，組織再編成により資産が事業単位で移転し，組織再編成後も移転した事業が継続することを想定しているものと解される。加えて，これも原判決が第5・3⑵で説示するとおり，支配関係にある法人間の適格合併については，当該基本的な考え方に基づき，前記の従業者引継要件及び事業継続要件が必要とされているものと解され，ことさらに，完全支配関係にある法人間の適格合併について，当該基本的な考え方が妥当しないものと解することはできないから，当該適格合併においても，被合併法人から移転した事業が継続することを要するものと解するのが相当である。」と判示しており，東京地裁と同様の判断を行っていることがわかる。

⑸　評　　釈

　このように，東京地裁及び東京高裁では，「法人税の負担を減少させること以外に本件合併を行うことの合理的な理由となる事業目的その他の事情があったとは認められない」という理由により包括的租税回避防止規定を適用した国側の主張を認めた。

　しかし，そもそも当初案では，TPRの一部門として，原材料の調達を行う部門を新設し，新会社は人員のみを抱えた賃加工会社の形態となり，TPRから設備を貸与され，材料も支給されることとなって，原則として，利益も赤字も出ない会社になることを予定していた。このような手法は一般的であり，新会社が人員のみを抱えた賃加工会社になるのは，TPRと新会社の賃金体系が

異なるからにすぎない。

　国側の主張においても，当初案については，税負担の減少目的が主目的で
あったと主張しながらも，旧a社の損益を改善させるという事業目的が存在し
ていたことは認めていることから，当初案のとおりであれば，包括的租税回避
防止規定が適用されなかった可能性も十分に考えられる。

　その後，新会社に責任を持たせるために，減価償却費等を新会社に請求する
とともに，当該減価償却費等を加味した原価を考慮したうえで，新会社から
TPRが仕入れる製品の仕入価格を見直したのである。つまり，減価償却費等
を新会社に請求しながらも，仕入価格に反映させることにより，最終的に，
TPRが負担した形になっている。

　このような仕入価格の変更は，形式的には，新会社にコスト意識を持たせる
という効果が期待されるが，実質的には，TPRがコストを負担する形になる
ということで，当初案どおり，新会社が利益も赤字も出ない賃加工会社になる
のと何ら変わらない。すなわち，一連の組織再編成により，被合併法人が営ん
でいた事業に係るリスクとリターンのすべてが合併法人に移転されており，こ
のような実態の変化は，合併により合併法人に建物及び製造設備を引き継がな
いと不可能である。もし，仕入価格の変更のみでこのような効果を実現させた
いとクライアントから相談された場合には，ほとんどの税理士が「仕入価格が
時価と異なるということで，寄附金として認定されるリスクがある」と回答す
るはずであり，その意味でも，一連の組織再編成に事業目的がないとは言い難
い。

　さらにいえば，東京地裁も，受注減少に伴う赤字リスクがTPRに帰属する
ようになったことは認めたうえで，赤字リスクがTPRに帰属したのは，仕入
価格の変更によるものであり，合併によるものではないと認定しているのであ
る。

　このように，本事件は，租税回避であると認定されるべきものとはとても思
えないし，「法人税の負担を減少させること以外に本件合併を行うことの合理
的な理由となる事業目的その他の事情があったとは認められない」というのは

明らかに言い過ぎである。

　結局のところ，TPR事件を参考に，租税回避として認定されないようにするためには，事業目的が主目的であるという心証をどのように与えるのかという点に尽きる。

　もちろん，会議に提出される資料に税務上の効果を書かないというのは，税務を検討せずに組織再編成を行ったということで取締役の責任が問われるため，税負担減少の意図がないと主張するのは不可能である。そうだとしても，事業目的が主目的であるという会議資料を作ることは容易であるし，事業目的が主目的であるという外観を作ることも容易である。そう考えると，税務調査に耐えうる証拠書類をどのように整備していくのかという点が，租税回避として認定されないために重要であるといえる。

　このように，本事件では，包括的租税回避防止規定を適用しなければならないほど，制度趣旨に反することが明らかな取引であったかどうかという点も問題であるが，それ以前に，東京地裁及び東京高裁が示した制度趣旨にも疑問がある。この点については，「4．東京高判令和元年12月11日（TPR事件）の問題点」で解説を行う。

⑹　実務への影響

　TPR事件において，①完全支配関係内の合併であっても事業単位の移転が必要とされただけでなく，②親会社に建物及び設備を移転しただけでは，経済合理性があるとは認められなかった，という点が今後の実務に影響を与えると考えられる。

　まず，①完全支配関係内の合併であっても事業単位の移転が必要とされたという点であるが，§2で解説するように，ペーパー会社を清算しようが，合併しようが，親会社に繰越欠損金を引き継ぐことができることから，ペーパー会社を被合併法人とする吸収合併により繰越欠損金を引き継いだとしても，包括的租税回避防止規定を適用すべきではないであろう。

　これに対し，被合併法人で営んでいた事業の大部分を別会社に移転させた後

に，適格合併により被合併法人の繰越欠損金を合併法人に引き継ぐ場合には，事業の移転先と繰越欠損金の移転先が異なることを理由として，包括的租税回避防止規定が適用される可能性があると考えられる。

　さらに，「4．東京高判令和元年12月11日（TPR事件）の問題点」で解説するように，平成22年度税制改正により，事業の移転先ではなく，資産の移転先に繰越欠損金を引き継がせることが制度趣旨に合致するようになった。そのため，被合併法人が保有していた資産の大部分を別会社に移転した後に，被合併法人の繰越欠損金を合併法人に引き継いだ場合には，資産の移転先と繰越欠損金の移転先が異なることを理由として，包括的租税回避防止規定が適用される可能性があると考えられる。

　このように，TPR事件の結果，複数の組織再編成を組み合わせることにより，事業又は資産の移転先と異なる法人に繰越欠損金を引き継がせることについては，制度趣旨に反する可能性があることから，事業目的が主目的であることを明確にしておく必要があると考えられる。

　さらに，②親会社に建物及び設備を移転しただけでは，経済合理性があるとは認められなかったという点であるが，§2で解説する適格合併ではなく，§3で解説する第2会社方式に与える影響のほうが大きいと思われる。§3で解説するが，法人税基本通達9−4−1の要件を満たすためには，旧会社と新会社の同一性が排除されている必要がある。TPR事件では，親会社に建物及び設備を移転しただけでは，一連の組織再編成に係る事業目的が認められないと判断されたことから，第2会社方式においても，親会社に建物及び設備を移転しただけでは，旧会社と新会社の同一性が排除されているとは認められないと判断される可能性がある。

　このように，本書のテーマである子会社の整理・統合において，TPR事件が与える影響は極めて大きいと考えられる。

3	東京高判令和２年６月24日Westlaw Japan 文献番号 2020WLJPCA06246001（ユニバーサルミュージック事件）

⑴　概　　要

　音楽事業を目的とする日本法人である原告は，本件各事業年度（平成20年12月期から平成24年12月期まで）に係る法人税の確定申告において，同族会社である外国法人からの借入れに係る支払利息の額を損金の額に算入して申告したところ，麻布税務署長が，同支払利息の損金算入は原告の法人税の負担を不当に減少させるものであるとして，法人税法132条１項に基づき，その原因となる行為を否認して原告の所得金額を加算し，本件各事業年度に係る法人税の各更正処分及び平成20年12月期を除く各事業年度に係る過少申告加算税の各賦課決定処分をした。

　本事件は，原告が，上記借入れは原告を含むグループ法人の組織再編成の一環として行われた正当な事業目的を有する経済的合理性がある取引であり，本件各更正処分等は法人税法132条１項の要件を欠く違法な処分であると主張して，本件各更正処分等の取消しを求めた事件である。

　なお，本書で抜粋した判例については，一部の文章のみを抜粋しただけでなく，読みやすくなるように文章の修正を行っている。そのため，判例の内容を正確に知りたい読者は，Westlaw Japan又は裁判所のHPに掲載されている判決を一読されたい。

⑵　事実関係

　本事件の事実関係は，登場する法人が多すぎてわかりにくいが，日本法人における支払利息を増やすために，日本法人（UMGK）を設立し，オランダ法人（UMTC）から日本法人（UMKK）の株式を購入した後に，日本法人（UMGK）を合併法人とし，日本法人（UMKK）を被合併法人とする吸収合併を行った事案である。

　例えば，日本法人（UMKK）の株価総額が1,000である場合において，日本
法人（UMGK）を資本金100で設立した後に，900の借入れを行うことで日本
法人（UMKK）の株式を購入させた場合には，合併後の日本法人（UMGK）
の純資産が900減少するとともに，借入金が900増加することになる。具体的に
は，以下の仕訳のとおりである。

---

①　会社設立
　（現 金 預 金）　　　　　　100　　（資　　本　　金）　　　　　　100

②　借入れ
　（現 金 預 金）　　　　　　900　　（借　　入　　金）　　　　　　900

③　株式取得
　（株　　　　式）　　　　1,000　　（現 金 預 金）　　　　　　1,000

④　合併
　（資　　　　産）　　　10,000　　（負　　　　債）　　　　　9,000
　　　　　　　　　　　　　　　　　（株　　　　式）　　　　　1,000
　※　日本法人（UMKK）の資産が10,000であり，負債が9,000であると仮定

⑤　合併後の貸借対照表
　（資　　　　産）　　　10,000　　（負　　　　債）　　　　　9,000
　　　　　　　　　　　　　　　　　（借　　入　　金）　　　　　　900
　　　　　　　　　　　　　　　　　（資　　本　　金）　　　　　　100

　本事件では，UMKK以外の日本法人も登場するが，事実関係が複雑になっ
てしまうことから，海外のグループ会社から借入れを行うことで上記の取引を
実行した結果，日本法人における支払利息が増加し，日本の法人税の負担を減
少させた事案であるという点だけを理解しておけば十分であろう。
　本件取引は，平成24年度税制改正前の過大支払利子税制（措法66の5の2，
66の5の3）が導入される前に行われた取引である。そのため，過少資本税制
（措法66の5）を回避することができれば，上記のような取引を実行すること
は可能であったという背景がある。

(3)　東京地判令和元年6月27日Westlaw Japan 文献番号2019WLJPCA06276001

　本事件における争点は，(a)法人税法132条1項にいう「その法人の行為又は計算で，これを容認した場合には法人税の負担を不当に減少させる結果となると認められるもの」の該当性，(b)原告の本件各事業年度における所得金額及び納付すべき法人税額であるが，本書では，(a)についてのみ検討することとする。なお，Westlaw Japanには当事者の主張が掲載されていなかったことから，裁判所のHPから一部引用している。

①　国側の主張

(i)　判断の枠組み

ア．租税回避の意図，目的等が要件とはならないこと

　法人税法132条1項の文言解釈からすれば，「法人税の負担を不当に減少させる結果となる」と認められるか否かの判断にあたって，同族会社に租税回避の意図，目的等があることは要件とされていない。主観的な意図，目的等が要件とはならないことは，立法当初は主観的要件が明文化されていたにもかかわらず，その後の改正によって主観的要件が削除されたという同項の改正の経緯に照らしても明らかである。

イ．不当性要件該当性は経済的合理性を欠くものか否かにより判断すべきであること

　法人税法132条1項の「法人税の負担を不当に減少させる結果となる」と認められるか否かは，同項の趣旨に照らせば，経済的，実質的見地から，純粋経済人の行為として不合理，不自然な行為と認められるか否かという客観的，合理的基準により判断されるべきである。そして，同項の趣旨が，同族会社と非同族会社との課税負担の公平を維持することにあることに鑑みれば，同族会社の行為又は計算が，純粋経済人として不合理，不自然なもの，すな

わち，経済的合理性を欠く場合には，同族会社の行為又は計算が異常ないし
変則的で租税回避以外に正当な理由ないし事業上の目的が存在しないと認め
られる場合のみならず，独立，対等で相互に特殊な関係のない当事者間で通
常行われる取引と異なっている場合なども含まれ得ると解するのが相当であ
る。

(ii)　**本件における「その法人の行為又は計算」とは何か**

法人税法132条１項の趣旨からしても，同族会社間等による複数の行為又は
計算が積み重なることによって税負担減少結果が生じている場合には，当該複
数の行為又は計算を一体として「その法人の行為又は計算」に該当すると解し
得るというべきである。

(iii)　**本件における原告の行為は経済的合理性がないこと**

ア．**本件一連の行為は同族会社でなければ通常なし得ない行為であること**

　ヴィヴェンディ・グループ法人間の資金還流を行わなければ，原告が
UMKK株式を取得するための約1144億円もの資金を調達することはできな
かったのであるから，本件一連の行為は，上記資金還流によって初めて実現
可能なものということができる。そして，本件においては，原告を含むすべ
ての取引当事者がヴィヴェンディ・グループ法人であり，親法人が子法人の
意思決定を自由に支配することができる同族会社であるからこそ，複雑かつ
多額の資金還流（循環取引）を実質的な資金を要さずに実行することができ
たのであり，本件一連の行為は，すべての取引当事者がヴィヴェンディ・グ
ループ法人であるという同族会社でなければ通常なし得ない行為であるとい
える。

イ．**本件一連の行為が，ヴィヴェンディ・グループ内の支配関係，事業運営
　　等に与えた実質的な経済的影響はなく，経済的合理性がないこと**

（ア）　本件一連の行為により日本国内で音楽事業を行うヴィヴェンディ・グ

ループ法人（UMKKないし原告）の法人格や組織形態に違いを生じたことにつき，事業運営上実質的な意味があったと認めることはできない。むしろ，本件において組織形態を合同会社とするための方法としては，株式会社であるUMKKを合同会社に組織変更するのが通常であり，組織形態の変更のためにあえて合同会社を新規設立したうえでこれと合併させるというのは，経済的合理性のない迂遠な方法といわざるを得ないのであって，経済的，実質的見地から客観的に見て不合理，不自然というべきである。

（イ）　日本国内の音楽事業を行うヴィヴェンディ・グループ法人（UMKKないし原告）においては，本件一連の行為を通じて，本件借入れにより多額の負債が発生したにもかかわらず，それに見合うだけの資産や収益等が生ずることはなく，事業上実質的な変更がないにもかかわらず，利益の減少だけが見込まれることとなった。したがって，本件一連の行為は，原告において，資産や収益の増加をもたらすことなく，本件借入れによる負債のみを生じさせるものであるから，経済的，実質的見地から客観的に見て経済的合理性を欠くことは明らかである。

ウ．ヴィヴェンディ・グループの組織再編としても経済的合理性を欠くこと

（ア）　日本国内において音楽事業を行うヴィヴェンディ・グループ法人（UMKKないし原告）の組織形態が株式会社から合同会社に変わっても，当該音楽事業の実態に何ら変化がなかったことからすれば，UMKKの組織形態を合同会社とするために，あえて合同会社を新規設立したうえでUMKKを吸収合併するという迂遠な方法をとる必要はなく，株式会社であるUMKKを合同会社に組織変更すれば足りるのであるから，本件一連の行為を日本におけるヴィヴェンディ・グループの組織再編として見たとしても，経済的，実質的見地から客観的に見て不合理，不自然というべきである。

（イ）　通常，合併に先立って合併法人が被合併法人の株式をすべて取得するのは，被合併法人の買収により親法人となった合併法人が，その後の合併

にあたって被合併法人の意思決定を自ら行うことができるからである。しかしながら，原告及びUMKKは，従来から，資本的にいずれもヴィヴェンディ・グループの完全支配下にあった法人であり，被合併法人であるUMKKの意思決定はもともとヴィヴェンディにより自由に行うことができたのであるから，原告が本件合併をするうえで，その合併に先立ってUMKK株式を取得（本件買収）しておくことは必要ではなかった。そうすると，本件一連の行為は，原告がUMKKの吸収合併を実現するために必要でない本件買収をあえて行ったという点で迂遠であり，日本におけるヴィヴェンディ・グループの組織再編としても，経済的，実質的見地から客観的に見て不合理，不自然というべきである。

（ウ）　原告は，後に本件合併に伴って消滅することとなるUMKK株式以外にこれといった保有資産もなく，実体的な事業を行ってもいない，いわゆるペーパーカンパニーであるにもかかわらず，本件合併により，優良な営業実績を達成していたUMKKを吸収合併したということになり，原告とUMKKとの経済的実態からすれば，本件一連の行為は，組織再編としても，経済的，実質的見地から客観的に見て不合理，不自然であるというべきである。

⒤　原告の主張に対する反論

ア．オランダ法人の負債軽減との主張について

　ヴィヴェンディ・グループにとってオランダ法人の負債軽減を図ることが適切であったとしても，UMKKないし原告にとって経済的合理性があることとは直接結びつくものではない。すなわち，オランダ法人の財務が健全化されたとしても，それによって原告に生じる利益は，抽象的なものであり個別具体的な経済的利益といえるものではない。仮に何らかの具体的な経済的利益が原告に生ずるとしても，原告は，約566億円の残元本を，その後に獲得する資金から返済していかなければならないとともに，その負債に対する利息の支払は，年間数十億円という巨額に上るものであり，UMKKの営業

利益の額の過半にもなり得る規模のものであって，得られる経済的利益はかかる負債の規模を上回るものとはいえない。

イ．日本の関連会社の経営の合理化，資本関係の整理について

　原告の主張によっても，その主張に係る本件8つの目的（後述②(iii)ア参照）のうち，目的❷，目的❸，目的❻，目的❼及び目的❽がどのような関係にあるのかが具体的に明らかとなっておらず，単に「日本の関連会社の経営の合理化」という項目によってまとめることができそうな目的を寄せ集めただけで，「柱」と呼べるような実体はないものといわざるを得ない。また，結局のところ，ヴィヴェンディ・グループにとっての「日本の関連会社の経営の合理化」が目的であったというものにすぎず，UMKKないし原告にとっての経済的合理性の有無と直接結びつくものではない。

ウ．ヴィヴェンディ・グループの財務の合理化（目的④及び⑤）について

　ヴィヴェンディがユーロ建ての高い金利を享受できていなかったことやヴィヴェンディ・グループにとって為替リスクが生じており，このような状況を解消する必要があったとしても，それは親会社であるヴィヴェンディあるいはヴィヴェンディ・グループ全体にとっての事業目的であって，UMKKないし原告にとっての事業目的ではないから，無関係であるというほかない。

②　納税者側の主張

(i)　租税回避の意図，目的（主観的要件）

不当性要件の該当性については，当該行為の経済的合理性の有無によって判断するべきであるが，同族会社の行為又は計算に，租税回避以外に正当な理由ないし事業目的があったと認められる場合には，その事実は，不当性要件の評価障害事実として，同要件の認定判断において考慮する必要があり，正当な理由ないし事業目的があれば「不当」ということは困難であり，否認は許されないと解するべきである。

(ii) 「行為又は計算」の解釈

更正対象法人の法人税の負担の減少に結びつかない行為又は計算は，その法人の「行為又は計算」には含まれず，また，一連の行為のような私法上の複数の行為をまとめてその法人の「行為又は計算」に該当するとして法人税法132条１項を適用するということは同項の想定するところではないというべきである。

(iii) 本件借入れは経済的合理性があること

ア．本件組織再編取引をする経営上の必要性

本件組織再編取引は，ヴィヴェンディ・グループが全世界で買収を重ねた結果錯綜したグループ内の関連会社の関係を整理して事業を効率化するとともに財務上の利益を図るために実施されたものであり，次のようなオランダ法人の負債軽減（目的❶），日本法人の経営の合理化（目的❷❸❻❼及び❽）及び日本法人の財務の合理化（目的❹及び❺）の３つの柱（本件８つの目的）を同時に達成するために行われたものである。

目的❶	オランダ法人全体の負債を軽減するための弁済資金を取得すること。
目的❷	日本法人を１つの統括会社の傘下にまとめること。
目的❸	日本における音楽出版事業会社を合併により１社とすること。
目的❹	日本法人の円余剰資金を解消し，ヴィヴェンディが為替リスクをヘッジすることなく，ユーロ市場での投資活動を行うことを可能にすること。
目的❺	日本法人の資本構成に負債を導入し，日本の関連会社が保有する円建ての資産及び日本の関連会社が生み出す円建てのキャッシュ・フローに係る為替リスクを軽減すること。
目的❻	業務系統と資本系統の統一を図ることにより経営を合理化・効率化すること及びUMOの余剰資金を減少させること。

目的❼　日本法人を合同会社にすることにより，米国税制上のメリットを
　　　　受け，又はデメリットを回避するとともに，原告を含む日本の関
　　　　連会社の柔軟かつ機動的な事業運営を行うこと。
目的❽　当時検討されていた日本におけるヴィヴェンディ・グループ外の
　　　　音楽会社の買収に備えること。

(注)　裁判所の認定事実では，上記の目的は以下のように修正されている。
　　　目的❶　オランダの借入金のレベルを減少させるための資金を調達すること。
　　　目的❷　日本における会社関係を1つの会社の傘下にまとめること。
　　　目的❸　日本における音楽出版会社を1つの法人にまとめること。
　　　目的❹　日本から円余剰資金を移転させ，ヴィヴェンディが為替リスクのヘッ
　　　　　　ジをすることなく，ユーロ市場での投資活動を可能ならしめること。
　　　目的❺　日本の資本構造に借入金を発生させること。
　　　目的❻　(配当制限のある英国から余剰資金を移転させ，また，その資本構造
　　　　　　を英国の役員による経営管理体制に適合させるため)日本のオペレー
　　　　　　ションを英国管轄下に置くこと。
　　　目的❼　米国税制の観点から柔軟性を有する日本の企業体を活用すること。
　　　目的❽　現在検討中で将来起こり得る可能性のある第三者の日本の音楽企業の
　　　　　　買収と，ユニバーサルミュージックグループの音楽企業との結合に対
　　　　　　応すること(交渉の完了とデューデリジェンスが必要である。)。

イ．オランダ法人の負債軽減（目的❶）について

　ヴィヴェンディ・グループとしては，オランダ法人において，負債の支払
利息が営業利益を大幅に上回る状況であり，営業利益に比して過大な負債を
抱えていたため，財務戦略の観点から，かかる過大な負債を軽減する必要が
あった。つまり，営業利益に比して過大な負債を抱えたオランダ法人は，そ
の営業利益を原資として過大な負債の利息を支払うことができないため，過
大な負債の利息の支払のために，さらなる負債等による資金調達を行う必要
に迫られるという悪循環に陥りかねず，債務不履行のリスクを生じさせ，第
三者からの信用や評判を失墜するおそれがあった。そのようなおそれを生じ
させないことはヴィヴェンディ・グループの財務戦略上，極めて重要である
ため，オランダ法人の負債の弁済資金を調達することにしたのである。

ウ．日本法人の経営の合理化，資本関係の整理（目的❷❸❻❼及び❽）について省略

エ．ヴィヴェンディ・グループの財務の合理化（目的❹及び❺）について
　ヴィヴェンディ・グループが全世界で買収を繰り返して被買収企業の余剰資金を取り込んだことや，UMKKの堅調な業績を反映して，日本の関連会社には円余剰資金約300億円が生じていた。円余剰資金は，CMS（資本集中管理制度）に基づきUMGTを介してヴィヴェンディが保有しており，ヴィヴェンディは当該外貨建金融資産の貸借対照表リスクをヘッジするために通貨スワップ取引を行っていたため，ユーロ建ての高い金利を享受できない状況にあった。また，オランダ関連会社は営業利益の水準に比して過大な負債を抱えていた一方，日本の関連会社は，やはりUMKKの堅調な業績を反映して営業利益の水準に比して負債が小さく，ヴィヴェンディ・グループ内部の負債純額もマイナス（純額で債権を持つ）という状態となっており，ヴィヴェンディ・グループからユーロ建てでみると，円建ての資産の存在により為替リスクが生じていた。そのため，円余剰資金を解消するとともに，日本の関連会社に負債を導入して，為替リスクをヘッジする必要があった。
　円余剰資金の解消及び日本の関連会社への負債の導入を達成すれば，ヴィヴェンディ・グループ全体の財務力が高まり，また原告が本件買収を行うための資金を調達することができるため，日本の関連会社の利益につながるものであった。

オ．本件借入れは独立当事者間の取引と同じ経済条件でされた行為であること
　原告がヴィヴェンディ・グループに属さない独立した当事者である法人であると仮定した場合にそのような原告が本件借入れを行うことがおよそあり得ないか否かを検討するに，被告自身も本件借入れが独立当事者間の経済条件で行われたことを争っていないように，原告が独立した第三者である法人

であると仮定した場合であっても，そのような原告が本件借入れを行うことがおよそあり得ないとはいえない。

カ．独立当事者間の取引と比較しても原告は経済的利益を得ていること

（ア）　原告は，オランダ法人の債務の債務引受けをしたのではないし，本件買収によりUMKKの企業価値相当額の株式を取得したうえで，本件合併により同社を吸収合併して，その企業価値全体を承継したのであり，原告の純資産全体を時価ベースでみれば，原告の企業価値は何ら損なわれていない。

（イ）　いわゆるデット・プッシュ・ダウンの方式（第三者間で行われるデット・プッシュ・ダウンの方式による買収においては，買収のためのビークル〔受皿会社〕としての法人を実質的買収者が設立し，同ビークルが負債により調達した資金を対象会社の買収資金に充て，その後対象会社を吸収合併するという取引形式も一般的に取られる。）による買収について，被告は経済的合理性があることを認めている。本件借入れ及び本件買収は独立当事者間の経済条件で行われたものである以上，本件買収及び本件借入れは，原告からみた場合，第三者間で通常行われるデット・プッシュ・ダウンの方式による買収と何ら変わりがない。被告の主張どおり不当性要件該当性の判断を内国法人のみを対象として行うのであれば，外国法人であるヴィヴェンディ・グループ法人は，原告からすれば別個独立の別法人なのであるから，買収のための借入れを，ヴィヴェンディ・グループからしたことをもって，経済的合理性を否定するのは一貫しない。

③　裁判所の判断

（i）　判断枠組み

ア．「これを容認した場合には法人税の負担を不当に減少させる結果となると認められるもの」の意義

　当該行為又は計算が当該会社にとって相応の経済的合理性を有する方法で

あると認められる限りは，他にこれと同等か，より経済的合理性が高いといえる方法が想定される場合であっても，同項の適用上「不当」と評価されるべきものではない。

　そして，同族会社にあっては，自らが同族会社であることの特性を活かして経済活動を行うことは，ごく自然な事柄であって，それ自体が不合理であるとはいえないから，同族会社が，自らが同族会社でなければなし得ないような行為や計算を行ったとしても，そのことをもって直ちに，同族会社と非同族会社との間の税負担の公平が害されることとはならない。

　以上を踏まえると，同族会社の行為又は計算が経済的合理性を欠くか否かを判断するにあたっては，当該行為又は計算に係る諸事情や当該同族会社に係る諸事情等を総合的に考慮したうえで，法人税の負担が減少するという利益を除けば当該行為又は計算によって得られる経済的利益がおよそないといえるか，あるいは，当該行為又は計算を行う必要性を全く欠いているといえるかなどの観点から検討すべきものである。

イ．経済的合理性の有無を判断する対象

　経済的合理性の有無を判断する対象となる行為又は計算は，法人税の負担を減少させる結果を直接生じさせる行為又は計算（直接起因行為）であると解するのが相当である。

　これを本件についてみると，本件各事業年度における原告の法人税額を減少させる結果を直接生じさせた行為（直接起因行為）は，本件借入れであり，原告は，本件借入れに基づきUMIFに対して支払った本件利息の額を本件各事業年度における損金の額に算入したために，課税対象所得が減少し，その結果法人税の額が減少したものである。

　ところで，本件において否認の対象となる行為（経済合理性の有無を判断する対象となる行為）が原告による本件借入れのみであると解した場合でも，その経済的合理性の有無を判断するにあたっては，当該行為又は計算に係る諸事情や当該同族会社に係る諸事情等を総合的に考慮すべきであるから，本

件借入れがその一部に組み込まれている本件一連の行為に係る事情や，グループ法人として原告と密接な関係にあったUMKKに係る事情も考慮すべきことは当然である。つまるところ，被告の主張は，本件借入れに係る経済的合理性の有無の判断について，ヴィヴェンディ・グループ全体からみて経済的合理性があるか否かではなく，原告ないしUMKKからみて経済的合理性があるか否かという観点から判断されるべきであるという趣旨をいうに帰するものといわざるを得ない。

(ii)　本件借入れに係る経済的合理性の有無について

ア．本件8つの目的に係る合理性の有無について

(ア)　日本の関連会社に係る資本関係の整理

　ヴィヴェンディ・グループは，平成12年（2000年）以降，次々に企業買収を繰り返し，その結果，UMG部門の子会社数が増加し，グループ内の資本関係も複雑化したことから，法人数を減らすとともに，資本関係を整理するための組織再編が進められてきたところ，本件各日本法人について見ると，①UMKKはオランダ法人であるUMTCの完全子会社であり，MGBKKはオランダ法人であるMGBBVの完全子会社であり，V2Jは英国法人であるV2の完全子会社（CMHの間接的な完全子会社）であったため，本件各日本法人がそれぞれ異なる親会社と資本関係を有する状態となっていたこと，②日本という1つの国にUMPKKとMGBKKという2つの音楽出版会社が存在する状態となっていたこと，③ヴィヴェンディ・グループのUMG部門では，北米及び南米を除く地域における音楽事業については英国法人であるUMGIが業務管理を統括しており，本件各日本法人に対する事業遂行上の指揮監督もUMGIが行っていたところ，日本法人であるUMKK及びMGBKKはいずれもオランダ法人の子会社であったため，英国法人と直接の資本関係を有していなかったことが認められる。

　一般に，資本関係は親会社が子会社に対して事業遂行上の指揮監督を及ぼす根拠となるものであるから，企業グループにおける親子会社間の重層的な

資本関係が簡素化されれば，重要な意思決定に係る手続の短縮などのメリットがあるといえ，あえて複雑な資本関係のままとする経済的理由は通常考え難い。また，同種の事業を行う複数の会社を統合して１つの会社とすることや，企業グループにおける資本関係と事業遂行上の指揮監督関係との間に齟齬がみられる場合に両者を一致させることも，経営の効率化や管理コストの低減の観点から，経済的合理性を有するものといえる（なお，音楽出版会社は音楽著作物の著作権を扱っているため，著作権の一元的な管理という観点からも，複数の音楽出版会社を統合する必要性は高いといえる。）。

　そうすると，本件においても，異なる親会社の下にあった本件各日本法人につき資本関係を再編成するとともに，２つの音楽出版会社を１つの法人に統合し，さらに，オランダ法人の子会社であったUMKK及びMGBKKを英国法人の資本下に置くことによって事業遂行上の指揮監督関係と資本関係を一致させること（本件８つの目的のうち，目的❷，目的❸及び目的❻〔前半〕）は，資本関係の簡素化や経営の効率化等の観点から，いずれも経済的合理性を有するものであると認められる。

（イ）　グループ内における負債の経済的負担の配分の問題

　ユニバーサルミュージックグループにおける企業買収等のための資金の借入れにより多額の負債を抱えていたオランダ法人のUIMBV及びポリグラムは，平成19年（2007年）において，UMGT又はUMIFに対する負債が約31億ユーロに上り，支払利息が営業利益を上回っている状況であったのに対し，日本法人であるUMKKは，平成18年12月期から平成20年12月期までの営業利益が約74〜111億円と多額である一方，支払利息は約110〜460万円と極めて少ない状況であった。

　UMGT及びUMIFはヴィヴェンディ・グループのCMS（資金集中管理制度）の統括会社であり，ヴィヴェンディが外部の金融機関から借り入れて調達した資金はUMGT又はUMIFを通じてヴィヴェンディ・グループ法人に貸し付けられることからすれば，UMGT又はUMIFから貸付けを受ける各法人

の財務状況は，外部の金融機関から借入れを行うヴィヴェンディ（又はヴィヴェンディ・グループ全体）の信用に少なからず影響があるものと推認される。

　そして，一般に，企業グループにおいて借入金の返済に係る経済的負担を資本関係の下流にある子会社に負担させる場合（いわゆるデット・プッシュ・ダウン）において，その経済的負担をグループ内のどの子会社に負わせるのかについては，財務上の観点からは，規模が大きく多額の利益を計上している事業会社に対してより多くの負債を負担させることが合理的であるとされている。

　このような財務上の観点からすると，支払利息が営業利益を超え，負債の経済的負担が過度に重くなっているオランダ法人（UIMBV及びポリグラム）のUMGT又はUMIFに対する負債を減少させ，これに代えて，多額の営業利益を計上し支払利息が極めて少ない日本法人に負債を負わせること（本件8つの目的のうち，目的❶及び目的❺）は，ヴィヴェンディ・グループの財務戦略として不合理なものではないということができる。

　なお，多額の営業利益を計上している日本法人に負債を負わせれば，これにより日本法人の法人税の負担も減少することとなるが，税務上の目的と財務上の目的とは別個のものであり，上記のとおり財務上の観点から日本法人に負債を負わせることが不合理といえない以上，法人税の負担の減少という税務上の効果が併せて得られることをもって，かかる財務上の目的による行為の経済的合理性が否定されるものではないというべきである。

（ウ）　為替リスクのヘッジに係るコスト

　ヴィヴェンディ・グループにおける外貨建ての余剰資金の取扱いの実情に照らせば，UMKK及びUMOの余剰資金を解消し，本件ユーロ・円通貨スワップ取引及び本件ポンド・ユーロ通貨スワップ取引を終了させること（本件8つの目的のうち，目的❹及び目的❻〔後半〕）は，上記各取引による手数料負担を免れ，資産管理のコストを軽減するものとして，経済的合理性を

有するということができる。

（エ）　資本関係の整理に関する統括会社の問題

　ヴィヴェンディ・グループにおいては，世界各国のグループ法人に係る組織再編を行うにあたり，1つの国に1つの統括会社を設置し，その傘下に事業会社等を所属させるという基本的方針を採っていた。一般に，世界の各地域経済圏の拠点として統括会社を設置することは，当該地域経済圏における商流の一本化や間接部門（経理，人事，システム，事業管理等）の合理化を通じて，グループ法人の収益の向上に寄与するものとされており，ヴィヴェンディ・グループにおける上記の方針も合理的なものであったといえる。

（オ）　本件8つの目的を同時に達成しようとすることの合理性

　本件組織再編取引等の前のヴィヴェンディ・グループの状況からすると，オランダ法人（UIMBV及びポリグラム）のUMGT又はUMIFに対する負債を減少させ，これに代えて日本法人に負債を負わせるという目的（グループ内における負債の経済的負担の配分に関する，目的❶及び目的❺）を達成するためには，日本法人が多額の資金需要によりその資金を借り入れ，かつ，かかる借入れにより得た資金が日本法人からオランダ法人に渡ってUMGT又はUMIFに対する借入金の返済に用いることができる状態となることが必要であったといえるところ，かかる資金需要は日本に設置される統括会社（原告）による本件各日本法人の買収（特に企業価値の高いUMKK及びMGBKKの買収）を行うことにより発生させることができ，また，これらの買収における売主（UMTC及びMGBBV）はいずれもオランダ法人であって，同国法人同士の取引（貸付け等）によってUIMBV及びポリグラムに対し借入金の返済資金を交付することができたから，上記の目的を達成しようとするヴィヴェンディ・グループにとっては，日本の関連会社に係る資本関係の整理の目的と併せて，同時に両目的を達成することに合理性があったということができる。

　また，これに加えて，原告がUMKK及びMGBKKを買収する資金を調達するために，UMKKやUMOの余剰資金を活用すれば，本件ユーロ・円通貨スワップ取引等を終了させ，これらの取引に係る手数料の負担を免れることができる（為替リスクのヘッジに係るコストに関する，目的❹及び目的❻〔後半〕）から，この目的についても併せて達成することに合理性があったといえる。

イ．本件8つの目的を達成する手段の相当性について

　本件再編成等スキームに基づく本件組織再編取引等は，本件8つの目的をすべて達成することができるものであり，本件8つの目的を達成する手段として相当であったと認められる。

ウ．原告からみた経済的合理性の有無について

（ア）　原告が本件8つの目的の達成により得た経済的利益

　本件8つの目的のうち日本の関連会社に係る資本関係の整理は，資本関係の簡素化のほか，経営の効率化や管理コストの低減が期待できるものであって，日本における統括会社である原告にとって経済的合理性を有することは明らかである。また，原告の組織形態を合同会社としたことについても，将来における企業買収等の際に意思決定や執行をより機動的に行うことができるというメリットが認められる。

　また，グループ内における負債の経済的負担の配分や，為替リスクのヘッジに係るコストなどの課題への対応は，ヴィヴェンディの対外的な信用を高め，資金調達のコストを軽減することとなるなど，ヴィヴェンディ・グループ全体の財務態勢を強化するものであるところ，原告を含むヴィヴェンディ・グループ法人は，UMGT又はUMIFを統括会社とするCMS（資本集中管理制度）に参加することにより，外部との金融取引を一括して行うヴィヴェンディの信用力（又はその背景にあるヴィヴェンディ・グループ全体の信用力）を利用して，個別に資金調達をする場合と比べて大規模かつ円滑な

資金調達を行い得るメリットを享受していたのであるから，ヴィヴェンディ・グループ全体の財務態勢が強化されることは，同グループ法人である原告にとっても，このようなメリットをより確実に享受することができることを意味するものであったといえる。

（イ）　原告に生じた経済的不利益の検討

　まず，本件借入れに係る借入金額（約866億円）は，本件買収及び本件MGBKK買収に係る株式購入資金のうち本件増資では足りない分を賄うためのものであるところ，その購入価格の大部分を占めるUMKK株の価格（約1144億円）は，ダフ・アンド・フェルプス社による株式価値算定分析に基づき決定されたものであり，その価格が不当に高額であるとは認められない。

　次に，本件借入れに係る返済条件について見ると，①利息の利率は，借入れ後6年間は年6.8％，それ以降は年5.9％であり，②借入金の一部返済も，借入れ後1年までは300億円まで可能であり，借入れ後6年以降はいつでも借入金の全部又は一部の返済ができる旨が定められており，これらの定めは原告にとって不当に不利益となるものとは認められない。また，UMKKは，原告に吸収合併される前の3事業年度において，営業利益を約74〜111億円計上していたのであるから，本件借入れにより生ずる支払利息（年約40億円）は，同社の事業をそのまま承継する原告が営業利益によって賄うことができる範囲内のものであって，本件借入れにあたり，利息の支払をすることが困難になるおそれがあったとは認められないし，現に，原告による利息の支払が困難になったなどの事情はうかがわれない。

　さらに，本件借入れが原告の対外的信用に及ぼす影響について見ると，①原告に必要な資金調達は，もっぱらCMS（資本集中管理制度）に基づきヴィヴェンディの信用によって行われるから，本件借入れにより原告の資金調達への影響が生ずるおそれはない。原告の貸借対照表上，純資産がマイナスであり，債務超過の状態になっているとしても，原告の債権者はヴィヴェンディ・グループ法人のみであることから，上記の財務状態による外部の金融

機関に対する信用の低下や倒産リスクはそもそも原告固有の不利益として生じる余地がないというべきである。また，②音楽事業の関係者や社会一般に対しても，本件合併前のUMKKと比べて事業内容等が異なるものではないとの説明がなされており，本件合併後の原告に対する社会的信用が従前と比べて損なわれたとの事情はうかがわれない。

　以上によれば，本件8つの目的を本件組織再編取引等により達成したことは，ヴィヴェンディ・グループ全体にとってだけでなく原告にとっても経済的利益をもたらすものであったといえる一方，本件借入れは原告に不当な不利益をもたらすものとはいえないから，これらが原告にとって経済的合理性を欠くものであったと認めることはできない。

(4)　東京高裁判決

①　行為・計算要件について

控訴人主張に係る本件一連の行為又はこのうち本件設立を除く各行為は，本件借入れを除けば，これを容認したとしても，本件各事業年度における被控訴人の法人税の負担を減少させる結果となるとは認められない。そうすると，本件借入れ以外の控訴人主張に係る上記各行為は，本件各更正処分の適法性を検討するにあたり，法人税法132条1項に基づく同族会社等の行為計算の否認の対象となる「その法人の行為又は計算」に当たるとはいえない。

②　不当性要件の枠組みについて

ア．同族会社が当該同族会社の株主等又はその関連会社からした金銭の無担保借入れが不当性要件に該当するか否かについては，当該借入れの目的，金額，期間等の融資条件，無担保としたことの理由等を踏まえた個別，具体的な事案に即した検討を要するものというべきである。特に，上記のような借入れが当該同族会社の属する企業集団の再編等（以下「企業再編等」という。）の一環として行われた場合においては，組織再編成を含む企業再編等は，その形態や方法が複雑かつ多様であるため，これを利用す

る巧妙な租税回避行為が行われやすく，租税回避の手段として濫用される
おそれがあること等に照らすと，①当該借入れを伴う企業再編等が，通常
は想定されない企業再編等の手順や方法に基づいたり，実態とは乖離した
形式を作出したりするなど，不自然なものであるかどうか，②税負担の減
少以外にそのような借入れを伴う企業再編等を行うことの合理的な理由と
なる事業目的その他の事由が存在するかどうか等の事情も考慮したうえで，
当該借入れが経済的合理性を欠くか否かを判断すべきである。このことは，
国際的な企業集団の再編等の一環としてされた当該借入れについても同様
である。

イ．これに対し，被控訴人は，法人税法132条１項の不当性要件につき，経
済合理性基準を踏まえて，法人税の負担が減少するという利益を除けば当
該行為又は計算によって得られる経済的利益がおよそないといえるか，あ
るいは，当該行為又は計算を行う必要性を全く欠いているといえるかとい
う観点から判断すべき旨を主張する。

しかしながら，組織再編成を含む企業再編等は，その形態や方法が複雑
かつ多様であり，基本的には，いかなる必要性に基づいてどのような形態，
方法で行うかにつき当該企業集団の自律的判断に委ねられるものであるが，
前記のとおりこれを利用する巧妙な租税回避行為が行われやすく，租税回
避の手段として濫用されるおそれがあること，企業再編等の一環として行
われる行為につき，何らかの事業目的等を作出し又は付加することも比較
的容易であること等からすると，企業再編等の一環として行われた同族会
社の行為又は計算の不当性要件該当性を上記のような観点から判断するこ
とになれば，当該行為又は計算を行う必要性のほとんどが租税回避目的で
あって，税負担の減少以外の経済的利益がごくわずかである場合でも，経
済的合理性があるとされかねない。このようなことは，不当性要件の的確
な判別を困難にするものとして，法人税法132条の趣旨及び目的に反し，
相当でもない。このようなこと等に鑑みると，企業再編等の一環として同
族会社が当該同族会社の株主等又はその関連会社からした金銭の無担保借

入れが経済的合理性を欠くか否かについては，被控訴人の主張するような観点から判断するのではなく，上記ア①及び②の事情をも考慮して，総合的に判断するのが相当である。以上に反する被控訴人の主張は採用できない。

ウ．他方，控訴人は，上記ア②の事情（税負担の減少以外にそのような借入れを伴う企業再編等を行うことの合理的な理由となる事業目的その他の事由が存在するかどうか）につき，正当で合理的な事業目的等が具体的かつ客観的に示されなければならない旨を主張する。

　しかし，そもそも何をもって事業目的等が具体的かつ客観的に示されたというのかが一義的なものとは言い難いうえ，上記ア及びイで説示したところによれば，上記ア②の事情は，企業再編等の一環として同族会社が当該同族会社の株主等又はその関連会社からした金銭の無担保借入れが経済的合理性を欠くか否かを判断する際の考慮事情の１つにすぎず，それ自体が評価的要素を含んでいると解され，例えば，当該同族会社が主張する企業再編等を行うことの事業目的等が具体的かつ客観的でない場合には，これを行うことの「合理的な理由」となる事業目的等が存在するとはいえないと評価することも可能であること等に照らすと，あえて上記ア②の事情を控訴人の主張するように限定する必要はないし，そのような限定をすることが相当ともいえない。控訴人の上記主張は採用できない。

　なお，控訴人は，本件における不当性要件の判断枠組みとして，経済的合理性を欠く場合には，独立当事者間の通常の取引と異なっている場合なども含まれ得る旨主張する。しかし，例えば，単なる金銭の借入れであれば，独立当事者間の通常の取引を想定することもできるが，当該借入れが企業再編等の一環として行われた場合には，企業再編等自体が，その形態や方法が複雑かつ多様であり，基本的には，いかなる必要性に基づいてどのような形態，方法で行うかにつき当該企業集団の自律的判断に委ねられるものであることからすると，独立当事者間の通常の取引に相当する企業再編等の形態，方法を想定することは極めて困難である。そうすると，本

件における不当性要件の判断枠組みとして，控訴人の上記主張のように解するのは相当でなく，控訴人の上記主張は採用できない。

③　当てはめについて

　本件再編成等スキームに基づく本件組織再編取引等は，本件8つの目的を〈ア〉日本の関連会社の経営の合理化，〈イ〉UMG部門のオランダ法人の負債軽減及び〈ウ〉日本の関連会社の財務の合理化という観点から分けて検討してみても，不自然なものではなく，税負担の減少以外にこれを行うことの合理的な理由となる事業目的その他の事由が存在するといえ，被控訴人（ひいては，その完全子会社になった後，被控訴人に吸収合併されることになるUMKK）に税負担の減少以外の経済的利益をもたらすものといえるのであるから，本件8つの目的を同時に達成しようとしたものという観点からみれば，より一層，不自然なものではなく，税負担の減少以外にこれを行うことの合理的な理由となる事業目的その他の事由が存在し，被控訴人（ひいては，その完全子会社になった後，被控訴人に吸収合併されることになるUMKK）に税負担の減少以外の経済的利益をもたらすものであるということができる。

　さらに，本件借入れに関する事情を個別に検討したところに照らしてみても，本件借入れが専ら経済的，実質的見地において純粋経済人として不自然，不合理なもの，すなわち経済的合理性を欠くものであるというべき事情は見当たらない。

(5)　評　　釈

　同族会社等の行為計算の否認は，法人税法132条に規定されており，同条1項の条文は以下のとおりである。

> 【法人税法132条1項】
> 　税務署長は，次に掲げる法人に係る法人税につき更正又は決定をする場合において，その法人の行為又は計算で，これを容認した場合には法人税の負担を

　不当に減少させる結果となると認められるものがあるときは，その行為又は計
算にかかわらず，税務署長の認めるところにより，その法人に係る法人税の課
税標準若しくは欠損金額又は法人税の額を計算することができる。
　一　内国法人である同族会社
　二　イからハまでのいずれにも該当する内国法人
　　イ　3以上の支店，工場その他の事業所を有すること。
　　ロ　その事業所の2分の1以上に当たる事業所につき，その事業所の所長，
　　　主任その他のその事業所に係る事業の主宰者又は当該主宰者の親族その
　　　他の当該主宰者と政令で定める特殊の関係のある個人（以下この号にお
　　　いて「所長等」という。）が前に当該事業所において個人として事業を営
　　　んでいた事実があること。
　　ハ　ロに規定する事実がある事業所の所長等の有するその内国法人の株式
　　　又は出資の数又は金額の合計額がその内国法人の発行済株式又は出資（そ
　　　の内国法人が有する自己の株式又は出資を除く。）の総数又は総額の3分
　　　の2以上に相当すること。

　同族会社等の行為計算の否認が争われた直近の裁判例として，日本IBM事件
（東京高判平成27年3月25日TAINSコードZ265-12639）が挙げられる。

　日本IBM事件では，「同項が同族会社と非同族会社の間の税負担の公平を維
持する趣旨であることに鑑みれば，当該行為又は計算が，純粋経済人として不
合理，不自然なもの，すなわち，経済的合理性を欠く場合には，独立かつ対等
で相互に特殊関係のない当事者間で通常行われる取引（独立当事者間の通常の
取引）と異なっている場合を含むものと解するのが相当であり，このような取
引に当たるかどうかについては，個別具体的な事案に即した検討を要するもの
というべきである。」と判示しており，「同族会社にあっては，自らが同族会社
であることの特性を活かして経済活動を行うことは，ごく自然な事柄であって，
それ自体が不合理であるとはいえないから，同族会社が，自らが同族会社でな
ければなし得ないような行為や計算を行ったとしても，そのことをもって直ち
に，同族会社と非同族会社との間の税負担の公平が害されることとはならな
い。」とした東京地裁判決とはニュアンスが異なるようにも思える。

　さらに，東京地裁判決では，「経済的合理性の有無を判断する対象となる行

74

為又は計算は，法人税の負担を減少させる結果を直接生じさせる行為又は計算
（直接起因行為）であると解するのが相当である。」と判示している。

しかし，「本件において否認の対象となる行為（経済合理性の有無を判断す
る対象となる行為）が原告による本件借入れのみであると解した場合でも，そ
の経済的合理性の有無を判断するに当たっては，当該行為又は計算に係る諸事
情や当該同族会社に係る諸事情等を総合的に考慮すべきであるから，本件借入
れがその一部に組み込まれている本件一連の行為に係る事情や，グループ法人
として原告と密接な関係にあったUMKKに係る事情も考慮すべきことは当然
である。」とも判示しており，東京高裁でも類似の判断を行っている。

そのため，理論上はともかくとして，実務上は，個別の取引に対して不当性
があるかどうかを検討することを基本としつつも，一連の取引に対して不当性
があるかどうかも検討すべきであると考えられる。

本事件で問題となるのは，①事業目的が少しでもあればよいのか，②財務戦
略において合理性があれば事業目的があるといえるのか，の2点である。

東京地裁判決のように，事業目的が少しでもあればよいのであれば，法人税
法132条の2に規定する包括的租税回避防止規定のように，税負担の減少目的
が主目的であることを理由として租税回避であると認定されないことになる
（§2で解説するように，ヤフー事件の調査官解説では，租税回避か否かの判
定において，税負担の減少目的と事業目的の主従関係を考慮すべきであるとし
ている。）。

すなわち，法人税法132条に規定する同族会社等の行為計算の否認は適用さ
れにくいのに対し，同法132条の2に規定する包括的租税回避防止規定は適用
されやすいということになる。

その結果，法人税法132条の2が適用されるのは，合併，分割，現物出資も
しくは現物分配又は株式交換等もしくは株式移転に限定されていることから，
100％子会社を吸収合併することにより繰越欠損金を引き継ぐ場合には，法人
税法132条の2が適用されるリスクがある事案でも，100％子会社の残余財産が
確定することにより繰越欠損金を引き継ぐ場合には，同法132条が適用される

リスクはほとんどないということになる。

　さらに，実務上，子会社の債務を親会社が引き受けることにつき，財務戦略上，経済合理性が認められる事案も少なくないと思われる。そうなると，TPR事件のように，吸収合併で借入金を引き継いだ結果として，親会社に繰越欠損金を引き継いだとしても，租税回避とはいえず，第2会社方式により100％子会社の借入金を親会社に引き継いだ結果として，寄附金には該当してしまうかもしれないが，当該100％子会社において受贈益の益金不算入（法法25の2）が適用された結果，残余財産の確定に伴って親会社に繰越欠損金を引き継いだとしても，租税回避とはいえないことになる。

　このうち，①については，東京高裁判決において，「企業再編等の一環として行われた同族会社の行為又は計算の不当性要件該当性を上記のような観点から判断することになれば，当該行為又は計算を行う必要性のほとんどが租税回避目的であって，税負担の減少以外の経済的利益がごく僅かである場合でも，経済的合理性があるとされかねない。このようなことは，不当性要件の的確な判別を困難にするものとして，法人税法132条の趣旨及び目的に反し，相当でもない。」と判示されたことにより，少なくとも組織再編成や第2会社方式のような企業再編の一環として行われた行為に対しては，事業目的が少しでもあればよいというわけではないことから，理論上はともかくとして，実務上は，法人税法132条の2が適用されるリスクと同法132条が適用されるリスクはほとんど変わらないと考えるべきである。

　そして，②については，本事件において，日本法人にメリットがないことを主張しながらも，ヴィヴェンディ・グループにメリットがあることを国側が認めてしまったことから，オウンゴールの印象も否めない。そのため，財務戦略上の理由だけで経済合理性を主張することについては，税務調査により否認される可能性があると考えられる。

⑹　実務への影響

　本書のテーマは，「債務超過子会社の整理・統合の税務」であることから，

§2において債務超過子会社との合併，§3において債務超過子会社の清算，再建について解説を行うが，ユニバーサルミュージック事件が影響を与えるのは，§3の債務超過子会社の清算，再建である。

前述のように，第2会社方式を行った場合において，法人税基本通達9－4－1の要件を満たすことができないときは，寄附金として損金の額に算入することができない。しかし，100％子会社を対象とした第2会社方式の場合には，その100％子会社において受贈益の益金不算入が適用された結果，100％子会社の繰越欠損金を毀損させずに残余財産を確定させることができる。そして，100％子会社の残余財産が確定した場合には，その100％子会社の繰越欠損金を親会社に引き継ぐことが可能になる。

その一方で，法人税基本通達9－4－1が適用できないということは，「第2会社方式を行わなければ，今後より大きな損失を蒙ることになることが社会通念上明らかであるとは認められない」ということを意味することから，同族会社等の行為計算の否認が適用される可能性が出てくるであろう。もちろん，寄附金に該当したとしても，租税回避でない場合も多いと思われるが，それでも同族会社等の行為計算の否認が適用されるかどうかの検討は行わざるを得ない。

この点については，§3で検討することとする。

4 東京高判令和元年12月11日（TPR事件）の問題点

(1) 総 論

前述のように，TPR事件とは，平成22年3月1日に行われた適格合併による繰越欠損金の引継ぎに対して，包括的租税回避防止規定が適用された事件である。そして，平成22年3月期から平成26年3月期までの5期分についての税務調査を受け，平成27年6月26日付で更正処分を受けている。TPR事件で争われているのが，平成22年改正前法人税法に係る事件であるという点にご留意

されたい。

　前述のように，TPR事件の特徴は，被合併法人から合併法人に対して，被合併法人が営んでいた事業に係る工場の建物・製造設備を引き継がせたうえで，合併法人から新会社に賃貸したにもかかわらず，賃貸借の対象となった建物・製造設備に係る減価償却費等に相当する賃料を新会社から合併法人に対して支払っていることから，本件組織再編成に伴って新会社の損益計算書は改善されておらず，東京地裁及び東京高裁において，事業目的の存在が十分に認められないとされた点である。

　そのため，固定資産を合併法人に移転したという理由だけで，玉突き型の組織再編成ではないと主張することは難しくなる。さらに，第2会社方式においても，固定資産を新会社ではなく，親会社に移転したという理由だけで，同一性が排除されていると主張することも難しくなる。この点については，§2，§3で解説を行うこととする。

　すでに述べたように，TPR事件では，包括的租税回避防止規定を適用しなければならないほど，制度趣旨に反することが明らかな取引であったかどうかについても疑問があるが，そもそも東京地裁及び東京高裁が示した組織再編税制の制度趣旨について，明らかな誤りがあると考えている。以下では，その内容について解説を行うこととする。

(2)　完全支配関係内の合併でも事業の移転が必要なのか

①　東京地裁判決の概要

　前述のように，東京地裁では，法人税法57条2項に規定されている繰越欠損金の引継ぎの制度趣旨について，以下のように判示しており，東京高裁も同様の判断を行っている。

　「完全支配関係がある法人間の合併は，いわば経済的，実質的に完全に一体であったものを合併するものといえるのに対し，支配関係がある場合の合併や共同事業を営むための合併の場合には，経済的同一性・実質的一体性が希薄であることから，上記の基本的な考え方に合致するように，従業者引継

要件及び事業継続要件等の要件が付加されているものと考えられる。このように，組織再編成税制は，完全支配関係がある法人間の合併についても，他の２類型の合併と同様，合併による事業の移転及び合併後の事業の継続を想定しているものと解される。

　そうすると，法人税法57条２項についても，合併による事業の移転及び合併後の事業の継続を想定して，被合併法人の有する未処理欠損金額の合併法人への引継ぎという租税法上の効果を認めたものと解される。」

このように，支配関係が生じてから５年を経過しているにもかかわらず，包括的租税回避防止規定が争われたのは，法人税法57条３項に係る制度趣旨について争われたのではなく，同条２項に係る制度趣旨について争われたからであると考えられる。

②　会社分割・合併等の企業組織再編成に係る税制の基本的考え方

　平成12年10月に政府税制調査会法人課税小委員会から公表された「会社分割・合併等の企業組織再編成に係る税制の基本的考え方」には，以下のように記載されている。

　「組織再編成により移転した資産の譲渡損益の計上が繰り延べられる企業グループ内の組織再編成は，現行の分割税制（現物出資の課税の特例制度）の考え方において採られているように，基本的には，完全に一体と考えられる持分割合の極めて高い法人間で行う組織再編成とすべきである。ただし，企業グループとして一体的な経営が行われている単位という点を考慮すれば，商法上の親子会社のような関係にある法人間で行う組織再編成についてもこの企業グループ内で行う組織再編成とみることが考えられる。

　さらに，組織再編成による資産の移転を個別の資産の売買取引と区別する観点から，資産の移転が独立した事業単位で行われること，組織再編成後も移転した事業が継続することを要件とすることが必要である。ただし，完全に一体と考えられる持分割合の極めて高い法人間で行う組織再編成について

は，これらの要件を緩和することも考えられる。」

　このうち，前段を見ると，完全支配関係内の組織再編成に対して税制適格要件を認めることを基本としたうえで，支配関係内の組織再編成にまでその範囲を広げたということが読み取れる。そして，後段を見ると，支配関係内の組織再編成に対して事業単位の移転や事業の継続を要求しながらも，完全支配関係内の組織再編成ではこれらの要件を緩和したということが読み取れる。

　そのため，東京地裁及び東京高裁では，後段部分に着目することにより，完全支配関係内の合併に対して，従業者従事要件，事業継続要件という具体的要件を緩和しただけであって，基本的な理念からすれば，完全支配関係内の合併であっても，事業単位の移転が必要であるという解釈を導き出したものと思われる。

　この点，経団連の立場から組織再編税制の導入に関与されていた阿部泰久氏は，組織再編税制の立案経緯について「主税局は，当然100％はオーケーと言っております。われわれは，『企業グループの実態を，もっと広く見てください』との主張をしまして，『では，どうしますか』という議論がしばらく続きました。……結局どうすればよいかということになり，税法によりどころを求めるのはやめて，『商法に乗っかってしまえ』となり，50％超という基準になりました（阿部泰久「改正の経緯と残された問題」江頭憲治郎ほか編『企業組織と租税法（別冊商事法務252号）』83頁（商事法務，平成14年））」と述べられていた。

　そのため，組織再編税制は，完全支配関係内の組織再編成を基本として構築されていったと考えることもできる。そして，経済界の要請により，支配関係内の組織再編成が組織再編税制に混入したため，事業単位の移転という概念を入れざるを得なかったともいえる。この立場からは，完全支配関係内の合併において，事業単位の移転を要求する理由がなく，東京地裁及び東京高裁が判示した組織再編税制の制度趣旨には誤りがあるということになる。

　さらに，それを証拠付けるものとして，『平成13年版改正税法のすべて』136

頁において，「企業グループ内の組織再編成とは，100％の持分関係にある法人間で行う組織再編成と，50％超100％未満の持分関係にある法人間で行う組織再編成のうち一定の要件に該当するものとされています。移転資産等の譲渡損益の計上を繰り延べる企業グループ内の組織再編成とは，本来，完全に一体と考えられる持分割合が100％の法人間で行うものとすべきであると考えられますが，現に企業グループとして一体的な経営が行われている単位という点を考慮すれば，50％超100％未満の持分関係にある法人間で行う組織再編成についても，移転する事業に係る主要な資産及び負債を移転していること等の一定の要件を付加することにより，これに含めることもできると考えられることから，50％超100％未満の持分関係にある法人間で行う組織再編成についてもこの企業グループ内の組織再編成に含めるものとされています。」と記述されている点を挙げることができる。

　すなわち，納税者としては，「そもそも移転資産等の譲渡損益の計上を繰り延べる企業グループ内の組織再編成は，完全支配関係での組織再編成のみとすべきところ，現に企業グループとして一体的な経営が行われている単位という点を考慮することにより，支配関係にある法人間で行う組織再編成についても，『資産の移転が独立した事業単位で行われること』及び『組織再編成後も移転した事業が継続すること』という要件を付加することにより，これに含めることとしたにすぎない。そのような立法過程を考慮すれば，完全支配関係での合併では，これらの要件は求められていないと解するほかない。」と主張すべきだったといえる。

　このように，平成22年度税制改正前の段階であっても，完全支配関係内の合併に対しては，事業単位の移転が要求されていないとは思われるが，東京地裁及び東京高裁が判示したように，完全支配関係内の合併であっても，事業単位の移転が必要であるという解釈は可能であったのかもしれない。しかしながら，後述するように，平成22年度税制改正後は，グループ法人税制において，事業単位の移転が要求されていないことから，完全支配関係内の合併であっても，事業単位の移転が必要であるという解釈は導き出せなくなる。

そのため，平成22年度税制改正後は，グループ法人税制と同様に，完全支配関係内の組織再編成においては事業単位の移転を要求する必要がないものの，支配関係内の組織再編成においては，個別の資産の売買取引と区別する観点から，事業単位の移転を要求する必要があると解すべきであると思われる。

> ※　一般的に「グループ法人税制」とは，平成22年度税制改正により導入された資本に関係する取引等に係る税制のほか，平成22年度税制改正で見直された組織再編税制を含めた広い範囲の税制をいう（平成22年度税制改正を包括して「グループ法人税制」と説明されることもある。）。そのため，「グループ法人税制」とは，譲渡損益の繰延べ（法法61の13）だけでなく，適格現物分配（法法62の5）と残余財産の確定に伴う繰越欠損金の引継ぎ（法法57②）を含めた概念であるとご理解いただきたい。

③　適格現物分配と残余財産の確定に伴う繰越欠損金の引継ぎ

　まず，平成22年度税制改正のうち，適格現物分配（法法62の5）と残余財産の確定に伴う繰越欠損金の引継ぎ（法法57②）について触れることとする。

　適格現物分配では，現物分配による事業の移転を想定せず，完全支配関係内の適格現物分配のみ規定されているという特徴がある（『平成22年版改正税法のすべて』211頁）。そのため，支配関係が生じてから5年以内の適格現物分配に対しては，みなし共同事業要件が認められていない。さらに，「事業を移転しない適格分割若しくは適格現物出資又は適格現物分配」に対して，繰越欠損金の使用制限，特定保有資産譲渡等損失額の損金不算入の特例計算が定められており（法令113⑤〜⑦，123の9⑨〜⑪），事業を移転しない適格組織再編成が存在することが明らかにされている。

　この点につき，平成13年に財務省主税局において組織再編税制の立案に関与されていた朝長英樹氏は，「本来，個別資産を移転するものは，事業を移転するものとは異なり，譲渡損益を計上しなければならないものであって，『適格現物分配』の取扱いは，本来の法人税法における取扱いとは正反対のものとなっているわけである。(朝長英樹『現代税制の現状と課題（組織再編成税制編)』337頁（新日本法規，平成29年))」，「現物出資が分割の代替手段として使われるケースが少なくなってきたり，株式交換が合併と実態が同じというケー

スと有価証券の売買や交換と実態が同じというケースとを区別する手掛かりが明確になってきたりしたという状況になれば，『組織再編成』と位置付けることが適当でない現物出資や株式交換を『組織再編成』から除く，というのが本来の正しい改正のあり方である。(朝長前掲380頁)」と批判されている。さらに，繰越欠損金の使用制限，特定保有資産譲渡等損失額の損金不算入の特例計算に対しても，「事業を移転しない分割による資産・負債の移転は個別の資産・負債の譲渡による移転と実質的に同様であるため分割を非適格にする，ということで対応するのが適当と考えられる。(朝長前掲112頁)」と批判されている。

このように，朝長氏が平成13年当時に想定していた組織再編税制の基本的な考え方によれば，事業の移転を伴わない組織再編成を適格組織再編成とすべきではないということになる。朝長氏は，平成18年に税務大学校教授を最後に退官されており，平成22年度税制改正は，退官後の改正であることから，上記の朝長氏の批判は，まさに立法論の立場からの批判である。そのため，平成22年度税制改正は，朝長氏の意図に反する形で組織再編税制の考え方が修正されたといえる。

また，平成22年度税制改正では，残余財産の確定に伴う繰越欠損金の引継ぎ（法法57②）も導入されている。残余財産が確定した時点では，解散法人において事業は存在しないことから，事業単位の移転に伴って繰越欠損金が引き継がれるという解釈は成り立たない。この点は，『平成22年版改正税法のすべて』284頁において，残余財産の確定に伴う繰越欠損金の引継ぎが，適格現物分配制度をきっかけに導入されたことが明記されていることからも明らかである。

さらに，同書284頁では，「残余財産が確定した法人の欠損金については，特定の資産との結びつきが希薄であることを踏まえ，その移転資産の有無に関わらず，合併に係る欠損金の引継ぎと同様の取扱い」にしたことが明らかにされている。すなわち，残余財産の確定に伴う繰越欠損金の引継ぎと適格合併に伴う繰越欠損金の引継ぎのいずれも法人税法57条2項で規定されており，両者の制度趣旨が異なるということにはならず，『平成22年版改正税法のすべて』は，そのことを明らかにしたものといえる。その結果，事業の移転を伴っていなく

ても，残余財産の確定により繰越欠損金の引継ぎが認められているのであるから，適格合併の場合にだけ事業の移転を要求するというのは，少なくとも平成22年度税制改正とは整合しないということになる。

④ 譲渡損益の繰延べ

平成22年度税制改正では，譲渡損益の繰延べ（法法61の13）も導入されている。『平成22年版改正税法のすべて』189頁では，譲渡損益の繰延べが導入された経緯について，「グループ法人が一体的に経営されている実態に鑑みれば，グループ内法人間の資産の移転が行われた場合であっても実質的には資産に対する支配は継続していること，グループ内法人間の資産の移転の時点で課税関係を生じさせると円滑な経営資源再配置に対する阻害要因にもなりかねないことから，連結納税の選択の有無にかかわらず，その時点で課税関係を生じさせないことが実態に合った課税上の取扱いと考えられます。」と解説されている。

このように，譲渡損益の繰延べも，移転資産に対する支配の継続という概念で導入されたことがわかる。譲渡損益の繰延べは，完全支配関係のある内国法人間で行われる取引であり，かつ，事業単位の移転を前提としていない。そのため，単なる資産の譲渡であっても譲渡損益が繰り延べられる。

このことからも，移転資産に対する支配の継続という概念は，必ずしも事業単位の移転が前提になっているわけではないということがわかる。適格現物分配や残余財産の確定に伴う繰越欠損金の引継ぎに比べると，TPR事件を分析するうえで直接的ではないものの，平成22年度税制改正において，事業単位の移転を前提とせずに，グループ法人税制を導入するとともに，組織再編税制を見直したことがわかる。

⑤ 平成30年度税制改正

平成30年度税制改正では，第1次組織再編成の後に完全支配関係がある法人間で従業者又は事業を移転することが見込まれている場合にも，第1次組織再編成における従業者従事要件及び事業継続要件に抵触しないこととされた（法

84

法2十二の八ロ，法令4の3④三,四など）。そのため，合併法人等と完全支配
関係のある他の内国法人に被合併法人等の従業者又は事業が移転したとしても,
事業単位の移転に該当することになる。そして，平成22年度税制改正により導
入されたグループ法人税制，令和2年度税制改正で導入されたグループ通算制
度では，完全支配関係があれば一体として取り扱うという方向性になっており，
平成30年度税制改正もその延長線上で行われた改正であると考えられる。

　これに対し，完全支配関係内の合併では，そもそも従業者従事要件及び事業
継続要件は要求されていないが，TPR事件のように，完全支配関係内の合併
においても事業単位の移転が必要であると解したとしても，被合併法人から合
併法人に従業者及び事業を移転した後に，合併法人との間に完全支配関係のあ
る法人に当該従業者及び事業を移転した場合には，事業単位の移転があったと
考えることができるという問題が生じる。

　すなわち，TPR事件では，従業者及び事業が別会社に移転していることか
ら事業単位の移転がなかったという理由により制度趣旨に反するものと認定さ
れたが，平成30年度税制改正後に行われた取引であれば，合併法人との間に完
全支配関係のある法人に事業及び従業者が移転していることから，東京地裁及
び東京高裁が示した制度趣旨に反しないという問題が生じる。

　もちろん，合併直後に，一部の従業者及び事業を別会社に移転する行為は不
自然，不合理であるとは断言できないが，全部の従業者及び事業を別会社に移
転する行為は不自然，不合理であることも多いことから，包括的租税回避防止
規定の射程に含まれるべきであろう。

　そのため，TPR事件で問題とすべきは，事業の移転先ではない法人に対し
て繰越欠損金を帰属させようとしたという点にあり，事業単位の移転を伴わな
い合併により繰越欠損金を引き継いだという点ではなかったと考えられる。そ
のため，包括的租税回避防止規定により否認するとしても，より丁寧な制度趣
旨の説明が必要であったと考えられる。

　　※　後述(3)のように，理論上は，合併以外の組織再編成でも，事業の移転先に繰越欠損
　　　金を引き継がせるという制度も可能であったが，制度の簡素化のために，合併の場合

にのみ繰越欠損金を引き継ぐことができる制度になっている。そして，制度の簡素化の結果として制度趣旨に反する行為が可能になっていることを利用して，法人税の負担を不当に減少させる行為に対して，包括的租税回避防止規定を適用するということは，理論上は可能なのかもしれない。

　また，平成30年度税制改正を濫用することにより，繰越欠損金を不当に利用することができるという問題がある。例えば，単一の組織再編成では親会社に繰越欠損金を引き継ぐことができない場合であっても，多段階組織再編成を利用することにより，事業規模要件又は特定役員引継要件を満たす法人を経由して，親会社に繰越欠損金を引き継ぐことが可能になる（佐藤信祐「多段階組織再編の税務上の留意点」旬刊経理情報1516号，59-62頁（平成30年））。

　そのため，TPR事件と平成30年度税制改正との整合性を図るのであれば，後述(3)のように，多段階組織再編成により，事業が移転していない法人に対して繰越欠損金を引き継いだことを問題とすべきであったと考えられる。そのように考えるのであれば，平成22年度税制改正とも整合性が取れるし，平成30年度税制改正を濫用して繰越欠損金を利用する行為に対しても対応することが可能になる。

⑥　小　括

　このように，東京地裁判決及び東京高裁判決では，完全支配関係内の合併であっても事業単位の移転が必要であるかのような文言があるが，平成22年度税制改正及び平成30年度税制改正とは整合しない。ヤフー事件で示された制度濫用論は，制度趣旨に反することが明らかであることが前提となっているが，TPR事件で根拠となっている制度趣旨がその後の税制改正と整合しないという問題がある。

　もちろん，前述のように，平成22年度税制改正において，財務省主税局が組織再編税制における「移転資産に対する支配の継続」という概念に対する解釈変更を行った可能性もあり得るが，そうであるならば，TPR事件は，平成22年度税制改正が施行される前に行われた取引であるとはいえ，すでに平成22年度税制改正大綱が公表された後に行われた取引に対する事件であることから，納税者が気の毒である。

　今後の実務を考えると，平成22年度税制改正後において，TPR事件の射程がどこまで及ぶのかという点が問題となる。この点については，§2で解説を行うこととする。

(3)　実務上の問題点

　ここでは，TPR事件を参考に，100％子会社である休眠会社の資産を別会社に譲渡した後に，①親会社を合併法人とし，当該100％子会社を被合併法人とする適格合併を行う場合と，②当該100％子会社を清算する場合を比較してみたい。

　なお，100％子会社を清算することにより，親会社において子会社整理損失が発生する可能性があるが，当該子会社整理損失の損金性は，法人税基本通達9－6－1⑷又は9－4－1の問題であるから，ここでは検討を行わない。すなわち，過去に利益が発生していたものの，ここ2〜3年で多額の損失が発生したことにより，債務超過会社ではないにもかかわらず，繰越欠損金が存在する事案を前提とする。

　まず，TPR事件を参考にするのであれば，休眠会社を被合併法人とする合併は，事業単位の移転に該当しないことから制度趣旨に反することになる。そして，休眠会社の資産を別会社に譲渡していることから，本来であれば，この別会社を合併法人とする適格合併を行えばよかったということになり，租税回避に該当しかねない。

　これに対し，休眠会社を清算した場合には，『平成22年版改正税法のすべて』284頁において，「残余財産が確定した法人の欠損金については，特定の資産との結びつきが希薄であることを踏まえ，その移転資産の有無に関わらず，合併に係る欠損金の引継ぎと同様の取扱い（にした）」としていることから，特定の資産を別会社に譲渡した後に繰越欠損金を親会社に引き継いだとしても制度趣旨に反しないということになる。さらにいえば，「合併に係る欠損金の引継ぎと同様の取扱い」にしたことから，休眠会社の資産を別会社に譲渡した後に，その休眠会社を被合併法人とし，親会社を合併法人とする適格合併により繰越欠損金を引き継いだとしても，制度趣旨に反しないともいえる。しかし，それでは，TPR事件との整合性が保てない。

　もちろん，TPR事件においては，事業が別会社に移転していることから，

合併法人ではなく，事業を譲り受けた別会社に繰越欠損金が移転すべきであったというロジックはあり得るのかもしれない。

　平成12年10月に政府税制調査会法人課税小委員会から公表された「会社分割・合併等の企業組織再編成に係る税制の基本的考え方」においても，「分割型の会社分割の場合には，移転する事業に係る繰越欠損金の計算の困難性を考慮し，その引継ぎについては，実務的に慎重な検討を行う必要がある。」としている。

　すなわち，理論上は，合併以外の組織再編成でも，事業の移転先に繰越欠損金を引き継がせるという制度も可能であったが，制度の簡素化のために，合併の場合にのみ繰越欠損金を引き継ぐことができる制度になっていると考えることができる。そのため，制度の簡素化のために制度趣旨に反する行為が可能になっていることを利用して，法人税の負担を不当に減少させる行為に対して，包括的租税回避防止規定を適用するというのも可能かもしれない。

　しかし，『平成22年版改正税法のすべて』284頁において，「残余財産が確定した法人の欠損金については，特定の資産との結びつきが希薄であることを踏まえ，その移転資産の有無に関わらず，合併に係る欠損金の引継ぎと同様の取扱い（にした）」としていることから，「事業」の移転先に繰越欠損金を引き継がせるべきなのか，「資産」の移転先に繰越欠損金を引き継がせるべきなのかという議論も考えられる。TPR事件では，被合併法人から合併法人に対して，被合併法人が営んでいた事業に係る工場の建物・製造設備を引き継いでいることから，平成13年当時の制度趣旨に反するのかもしれないが，平成22年当時の制度趣旨には反するとまでは断言できない。

　そう考えると，完全支配関係内の合併であっても，事業単位の移転が必要であるとする東京地裁判決及び東京高裁判決は，かなり問題があったといえる。その一方で，TPR事件が公表されたことにより，債務超過子会社との合併により繰越欠損金を引き継ぐ場合には，包括的租税回避防止規定が適用されないように対応する必要があるともいえる。この点については，§2で解説を行う。

※　東京地裁及び東京高裁が示した制度趣旨は，平成22年度税制改正と整合していない
ことから，平成22年度税制改正後の事件において参考にすべきではないと考えられる。

　さらにいえば，平成13年当時における財務省主税局の総意として，完全支配関係内
の組織再編成において事業単位の移転が必要であったと認識していたかどうかについ
ても疑わしいと考えている。なぜなら，『平成13年版改正税法のすべて』136頁の記述
からも，「資産の移転が独立した事業単位で行われること」及び「組織再編成後も移
転した事業が継続すること」という要件は，完全支配関係内の組織再編成だけでなく，
支配関係内の組織再編成に対しても税制適格要件を認めるために，付加的に課された
要件であると考えられるからである。

　もちろん，平成13年当時の財務省主税局の総意ではなかったにしても，組織再編成
とは事業単位の移転のことを意味すると漠然に考えていた者がいたことは否定できな
い。平成13年当時の商法では，会社分割を行うためには，事業単位の移転が必要で
あった（平成17年改正前商法373，374の16）ことからも，実務家の中にも，そのよう
な議論があったことは事実である。

　しかし，平成18年度の会社法施行により，そのような前提は覆され，平成22年度税
制改正により，残余財産の確定により繰越欠損金を引き継ぐことが可能になっただけ
でなく（法法57②），事業を移転しない適格分割若しくは適格現物出資又は適格現物
分配に対して，繰越欠損金の使用制限，特定保有資産譲渡等損失額の損金不算入の特
例計算が定められたことからも（法令113⑤〜⑦，123の9⑨〜⑪），事業を移転しな
い適格組織再編成が存在することが明確になっている。

　このように，平成22年度税制改正において，事業を移転しない適格組織再編成が存
在することを明確にする税制改正が行われていながらも，組織再編税制における考え
方が変わったとする財務省主税局の説明がなかったことから，完全支配関係内の組織
再編成において事業単位の移転が必要だったというのは，平成13年当時の財務省主税
局の総意ではなかったと考えられる。

　むしろ，完全支配関係内の組織再編成では事業単位の移転が不要であるというのが，
平成22年当時の財務省主税局の総意であったことが明らかであったといえることから，
平成13年当時の財務省主税局の中にも，完全支配関係内の組織再編成では事業単位の
移転が不要であると考えていた者がいた可能性は極めて高いと思われる。

　TPR事件の本質的な問題は，そのような曖昧な制度趣旨を根拠として「制度趣旨
に反することが明らかである」としてしまう制度濫用論の危うさである。制度濫用論
により包括的な租税回避防止規定を適用するとしても，そのための制度趣旨は，より明
確なものである必要があろう。

5 ┃ 3つの判決が実務にどのような影響を与えるのか

　まず，角弘事件では，和解型の特別清算により生じた損失に対して，法人税
基本通達9−4−1により判断することが明らかにされた。さらに，金融機関

によるリストラ，不採算部門からの撤退の要請を拒否し，従業員の雇用を守るために第2会社方式を実行したことが，寄附金として認定されるリスクを高めたということがわかる。法人税基本通達9-4-1は，親会社がより大きな損失を蒙ることを回避するために損失負担を行うことが前提となっていることから，第2会社方式に伴って，抜本的な経営改善が行われる必要があるといえる。

　次に，TPR事件では，①完全支配関係内の合併であっても事業単位の移転が必要とされただけでなく，②親会社に建物及び設備を移転しただけでは，経済合理性があるとは認められなかった。このうち，②については，組織再編成における経済合理性をどのように考えるのかという点だけでなく，第2会社方式における同一性の排除についての判断に大きな影響を与えると考えられる。

　さらに，ユニバーサルミュージック事件では，法人税法132条に規定する同族会社等の行為計算の否認であっても，事業目的がわずかでもあればよいというわけではなく，①通常は想定されない手順や方法に基づいたり，実態とは乖離した形式を作出したりするなど，不自然なものであるかどうか，②税負担の減少以外に合理的な理由となる事業目的その他の事由が存在するかどうか等の事情も考慮したうえで，経済的合理性を欠く行為であるかどうかを総合的に判断すべきであることとされた。

　このことにより，理論上はともかくとして，実務上は，100％子会社を吸収合併することにより繰越欠損金を引き継ぐ場合であっても，100％子会社の残余財産が確定することにより繰越欠損金を引き継ぐ場合であっても，原則として，法人税法132条の2が適用されるリスクと同法132条が適用されるリスクはほとんど変わらないといえる。これに対し，適格合併による繰越欠損金の引継ぎと残余財産の確定に伴う繰越欠損金の引継ぎでは，細かな点については制度趣旨が異なることから，個別の事案では否認リスクが異なる場合も考えられる。

　これらの点を踏まえて，§2，§3では，債務超過子会社との合併，債務超過子会社の清算，再建について，それぞれ解説を行うこととする。

債務超過子会社との合併の税務

　債務超過子会社との合併を検討する場合には，その債務超過子会社の繰越欠損金を引き継ぐことができるかどうかを検討することが少なくない。これに関連して，東京高判令和元年12月11日（TPR事件）では，玉突き型の組織再編成に対して包括的租税回避防止規定（法法132の2）が適用された。このことにより，繰越欠損金の引継制限（法法57②）だけでなく，包括的租税回避防止規定についても慎重に検討することが必要になったといえる。

　本セクションでは，債務超過子会社との合併における税務上の取扱いについて検討を行う。

1 ┃ 税制適格要件の判定

(1) 基本的な取扱い

　適格合併となる合併は，①グループ内の適格合併，②共同事業を行うための適格合併の2つに大きく分けられる。

　また，①グループ内の適格合併は，(ⅰ)完全支配関係内の適格合併（100％グループ内の適格合併）と，(ⅱ)支配関係内の適格合併（50％超100％未満グループ内の適格合併）に分けられる。それぞれに適用される税制適格要件は以下のとおりである（法法2十二の八）。

【税制適格要件】

①グループ内の適格合併		②共同事業を行うための適格合併
(i)完全支配関係	(ii)支配関係	
（イ）金銭等不交付要件	（イ）金銭等不交付要件 （ロ）従業者従事要件 （ハ）事業継続要件	（イ）金銭等不交付要件 （ロ）従業者従事要件 （ハ）事業継続要件 （ニ）事業関連性要件 （ホ）事業規模要件又は特定役員引継要件 （ヘ）株式継続保有要件

① 完全支配関係と支配関係

(i) 完全支配関係

　一の者が発行済株式又は出資（自己株式又は出資を除く。）の全部を直接又は間接に有する関係（法法２十二の七の六，法令４の２②）。

(ii) 支配関係

　一の者が発行済株式又は出資（自己株式又は出資を除く。）の総数又は総額の100分の50を超える数又は金額の株式又は出資を直接又は間接に有する関係（法法２十二の七の五，法令４の２①）。

(iii) 親族が保有している株式又は出資

　株主が個人である場合には，当該個人が保有する株式又は出資のほか，当該個人の親族その他の特殊の関係のある個人が保有する株式又は出資を合算して支配関係及び完全支配関係の判定を行う（法令４の２，４①）。親族には，６親等内血族，配偶者及び３親等内姻族が含まれる（民法725）。なお，血族とは，血縁関係にある者をいい，姻族とは配偶者の血族又は自分の血族の配偶者をいう。

⑷　完全支配関係内の合併

　前述のように，完全支配関係にある他の内国法人との間で合併を行った場合において，金銭等不交付要件を満たすときは，完全支配関係内の適格合併として取り扱われる。なお，完全支配関係内の合併とは，以下のいずれかの関係をいう（法令4の3②）。

⒜　当事者間の完全支配関係

（イ）　吸収合併

　合併に係る被合併法人と合併法人との間にいずれか一方の法人による完全支配関係がある場合における当該合併に係る被合併法人と合併法人との間の関係。

（ロ）　新設合併

　合併に係る被合併法人と他の被合併法人との間にいずれか一方の法人による完全支配関係がある場合における当該合併に係る被合併法人と他の被合併法人との間の関係。

【当事者間の完全支配関係】

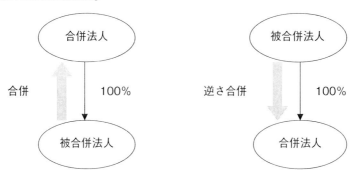

⒝　同一の者による完全支配関係

（イ）　吸収合併

　合併前に当該合併に係る被合併法人と合併法人との間に同一の者による完全

支配関係があり，かつ，当該合併後に当該同一の者と当該合併に係る合併法人との間に当該同一の者による完全支配関係が継続することが見込まれている場合における当該合併に係る被合併法人と合併法人との間の関係。

（ロ）　新設合併

合併前に当該合併に係る被合併法人と他の被合併法人との間に同一の者による完全支配関係があり，かつ，当該合併後に当該同一の者と当該合併に係る合併法人との間に当該同一の者による完全支配関係が継続することが見込まれている場合における当該合併に係る被合併法人と他の被合併法人との間の関係。

【同一の者による完全支配関係】

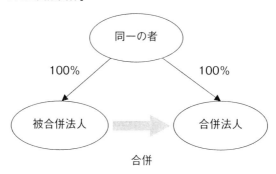

⒱　支配関係内の合併

前述のように，支配関係にある他の内国法人との間で合併を行った場合において，金銭等不交付要件，従業者従事要件及び事業継続要件を満たすときは，支配関係内の適格合併として取り扱われる。なお，支配関係内の合併とは，以下のいずれかの関係をいう（法令４の３③）。

⒜　当事者間の支配関係

（イ）　吸収合併

合併に係る被合併法人と合併法人との間にいずれか一方の法人による支配関

係がある場合における当該合併に係る被合併法人と合併法人との間の関係。

（ロ）　新設合併

　合併に係る被合併法人と他の被合併法人との間にいずれか一方の法人による支配関係がある場合における当該合併に係る被合併法人と他の被合併法人との間の関係。

【当事者間の支配関係】

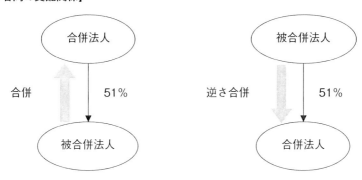

（b）　同一の者による支配関係

（イ）　吸収合併

　合併前に当該合併に係る被合併法人と合併法人との間に同一の者による支配関係があり，かつ，当該合併後に当該同一の者と当該合併に係る合併法人との間に当該同一の者による支配関係が継続することが見込まれている場合における当該合併に係る被合併法人と合併法人との間の関係。

（ロ）　新設合併

　合併前に当該合併に係る被合併法人と他の被合併法人との間に同一の者による支配関係があり，かつ，当該合併後に当該同一の者と当該合併に係る合併法人との間に当該同一の者による支配関係が継続することが見込まれている場合における当該合併に係る被合併法人と他の被合併法人との間の関係。

96

【同一の者による支配関係】

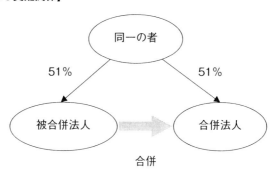

②　税制適格要件

（イ）　金銭等不交付要件

　金銭等不交付要件を満たすためには，被合併法人の株主等に合併法人株式又は合併親法人株式のいずれか一方の株式又は出資以外の資産が交付されないことが必要になる（法法２十二の八）。

　なお，後述するように，平成29年度税制改正により，合併法人が被合併法人の発行済株式総数の３分の２以上を直接に保有している場合には，少数株主に対して交付した対価が金銭等不交付要件の対象から除外されている。

（ロ）　従業者従事要件

(a)　基本的な取扱い

　従業者従事要件を満たすためには，被合併法人の合併の直前の従業者のうち，その総数のおおむね100分の80以上に相当する数の者が，合併後に合併法人の業務に従事することが見込まれている必要がある（法法２十二の八ロ(1)）。

　この場合の「従業者」とは，「従業員」とは異なり，「被合併法人の合併前に行う事業に現に従事する者」として定義されている（法基通１－４－４）。すなわち，従業員だけでなく，取締役，監査役，執行役員，出向受入社員，派遣社員，アルバイトやパートタイムで働いている者などが含まれる。また，他社

に出向している者は，たとえ従業員であっても，被合併法人の事業に従事していないことから，「従業者」からは除かれる。

　なお，法人税基本通達1－4－4の文言からは，派遣社員を従業者に含めることが読み取りにくいが，平成14年4月4日に公表された「平成14年2月15日付課法2－1「法人税基本通達等の一部改正について」（法令解釈通達）の趣旨説明について」では，派遣社員を従業者に含めることが明記されている。

　実務上，従業者数の判定において，パート，アルバイトを含めずに判定を行うという間違いが多く見受けられる。この点については，パート，アルバイトを含めずに判定を行っても，含めて判定を行っても，従業者の総数の100分の80以上を引き継いでいたことにより，結果的に，従業者従事要件の判定を間違わずに済んだということが多いが，パート，アルバイトを含めるか否かで従業者従事要件を満たすか否かの結論が分かれることもあり得るため，慎重な検討が必要となる。

　さらに，「従業者」と「従業員」の定義を混合した結果，「取締役」，「監査役」を「従業者」に含めていなかったケースも散見される。しかし，被合併法人に数人程度の使用人しかいない場合には，「取締役」，「監査役」を従業者に含めるか否かで従業者従事要件を満たすか否かの判断が変わることもあり得るため，留意が必要である。

　なお，勤務実態がなく，かつ，無報酬である「取締役」，「監査役」については，実質的に被合併法人の合併前に行う事業に従事していないと考えられることから，従業者から除外して検討する余地もあるが，実務上の判断が難しい箇所ではあるため，慎重な対応が必要となる。

⒝　合併後に合併法人の業務に従事することが見込まれていること

　また，「合併法人の業務に従事することが見込まれていること」の解釈として，合併直後に合併法人の業務に従事していればよいわけではなく，その後も継続して従事することが見込まれている必要がある。ただし，最終的に，従業者は定年退職等により退職することが見込まれていることから，「合併法人の

業務に従事することが見込まれていること」とは，「定年や死亡などの事情がない限り，今のところ退職することが見込まれていないこと」と解釈されている。

さらに，「見込まれている」と規定されていることから，合併後の後発事象，つまり，業績の悪化によるリストラなどが生じたとしても，少なくとも合併時点では，継続的に従事することが見込まれていたのであれば，従業者従事要件の判定に影響を与えない。

また，合併法人の業務に従事することが見込まれているか否かの判断は，合併法人，被合併法人において見込まれているか否かで判定すべきであるため，パートやアルバイトが日常的に入れ替わるという点については，合併法人，被合併法人の意思とは異なるところで退職することから，従業者従事要件に抵触させるべきではない。すなわち，結婚，出産，転職などの従業者の自己都合による退職については従業者従事要件には抵触しないと考えられる。

(c) 合併後の配置転換

法人税基本通達１－４－９では，被合併法人から引き継いだ従業者が合併法人の業務に従事することが，従業者従事要件を満たすために要求されているが，被合併法人から引き継いだ事業以外の業務に従事したとしても問題にならないことが明らかにされている。

したがって，合併後に，被合併法人から引き継いだ従業者を，合併前に合併法人が行っていた事業や，新規に開始する事業に従事させても，従業者従事要件の判定上，特に問題にならない。

(d) 合併法人の従業者の取扱い

従業者従事要件を満たすためには，被合併法人の従業者が合併法人の業務に従事することが見込まれている必要があるが，合併法人の従業者の継続勤務は要求されていない。そのため，合併法人の従業者が合併を機に退職するような場合であっても，被合併法人の従業者のおおむね100分の80以上に相当する数

の者が合併法人に引き継がれているのであれば，従業者従事要件を満たすことができる。

（ハ） 事業継続要件

事業継続要件を満たすためには，被合併法人が合併前に行う主要な事業が合併後に合併法人において引き続き行われることが見込まれている必要がある（法法２十二の八ロ(2)）。

また，合併後の後発事象により，合併法人に引き継いだ事業を廃止せざるを得なくなった場合であっても，合併の時点で，引き続き行われることが見込まれていたのであれば，事業継続要件を満たすことができる。

さらに，従業者従事要件と同様に，被合併法人が合併前に行っていた事業が引き続き行われることは要求されているが，合併法人が合併前に行っていた事業が引き続き行われることが見込まれている必要はない。そのため，合併法人の事業を廃止することが見込まれていたとしても，被合併法人から引き継いだ事業が引き続き行われることが見込まれているのであれば，事業継続要件を満たすことができる。

なお，実務上，事業継続要件で問題になりやすい事案は，(a)被合併法人に事業が存在するかが不明な場合，(b)被合併法人から合併法人に対してのみ不動産の賃貸を行っている場合である。このうち，(a)については，どのような要件を満たしたら事業が存在するといえるのかにつき争いがあり，実務上，統一見解は存在しない。とりわけ不動産賃貸業においては，従業者が存在しないことが多く，明確な判断ができないことが少なくない。(b)については，合併により不動産の借り手と貸し手が同一になることから，不動産賃貸業という事業が存在しなくなると考えられるため，事業継続要件に抵触すると考えられる。

⑵　制度趣旨

①　概　要

　平成12年10月に政府税制調査会法人課税小委員会から「会社分割・合併等の企業組織再編成に係る税制の基本的考え方」が公表された。本報告書では，「税制としても，企業組織再編成により資産の移転を行った場合にその取引の実態に合った課税を行うなど，適切な対応を行う必要がある。」と記載されている。すなわち，圧縮記帳のような恩典として組織再編税制を位置付けるのではなく，あるべき制度として位置付けようとしていたことが読み取れる。この点につき，当時の大蔵省主税局（現財務省主税局）に所属されていた朝長英樹氏は，平成12年10月11日の講演において，「今回，会社分割だけを取り上げてパッチワークのような仕事を行い，現在生じている様々な問題をさらに複雑にしたり，さらに拡大したり，後代に付けを回すようなことをやるわけにはいかないという結論に至ったわけです。（朝長英樹『企業組織再編成に係る税制についての講演録集』22頁（日本租税研究協会，平成13年))」と述べられている。

　さらに，本報告書では，「法人がその有する資産を他に移転する場合には，移転資産の時価取引として譲渡損益を計上するのが原則であり，この点については，組織再編成により資産を移転する場合も例外ではない。」としながらも，「組織再編成により資産を移転する前後で経済実態に実質的な変更が無いと考えられる場合には，課税関係を継続させるのが適当と考えられる。したがって，組織再編成において，移転資産に対する支配が再編成後も継続していると認められるものについては，移転資産の譲渡損益の計上を繰り延べることが考えられる。」と記載されている。

　このことから，組織再編税制は，非適格組織再編成を原則的な取扱いとしながらも，移転資産に対する支配が継続しているものを適格組織再編成として取り扱う制度であるということがわかる。なお，移転資産に対する支配が継続しているものとは，形式上は資産を他の法人に移転したが，実質上はまだその資産を保有しているといえる状態をいう（朝長英樹『企業組織再編成に係る税制

についての講演録集』25頁（日本租税研究協会，平成13年））。

　このように，適格合併に該当した場合に簿価で資産及び負債を引き継ぐことができる任意規定ではなく，適格合併に該当した場合には簿価で資産及び負債を引き継がなければならない強制規定であるという点に留意が必要である。

②　グループ内の組織再編成

　§1で解説したように，平成12年10月に政府税制調査会法人課税小委員会から公表された「会社分割・合併等の企業組織再編成に係る税制の基本的考え方」では，以下のように記載されている。

　　「組織再編成により移転した資産の譲渡損益の計上が繰り延べられる企業グループ内の組織再編成は，現行の分割税制（現物出資の課税の特例制度）の考え方において採られているように，基本的には，完全に一体と考えられる持分割合の極めて高い法人間で行う組織再編成とすべきである。ただし，企業グループとして一体的な経営が行われている単位という点を考慮すれば，商法上の親子会社のような関係にある法人間で行う組織再編成についてもこの企業グループ内で行う組織再編成とみることが考えられる。

　　　さらに，組織再編成による資産の移転を個別の資産の売買取引と区別する観点から，資産の移転が独立した事業単位で行われること，組織再編成後も移転した事業が継続することを要件とすることが必要である。ただし，完全に一体と考えられる持分割合の極めて高い法人間で行う組織再編成については，これらの要件を緩和することも考えられる。」

　§1で解説したように，前段部分を強調すれば，支配関係内の組織再編成が組織再編税制に混入したことにより，事業単位の移転といった概念を入れざるを得なかっただけで，完全支配関係内の組織再編成には事業単位の移転という概念は不要であるという解釈を導き出すことができる。これに対し，後段部分を強調すれば，完全支配関係内の合併に対して，従業者従事要件，事業継続要件という具体的要件を緩和しただけであって，基本的な理念からすれば，完全支配関係内の合併であっても，事業単位の移転が必要であるという解釈を導き

出すことができる。

　TPR事件では、完全支配関係内の合併であっても、事業単位の移転が必要であると判示したが、平成22年度税制改正と明らかに整合しないことから、実務上は、TPR事件を考慮に入れながらも、平成22年度税制改正による修正が必要になってくる。

⑶　無対価合併における税制適格要件の判定

　会社法上、無対価合併（被合併法人の株主に対して、合併法人株式やその他の資産を全く交付しない吸収合併）が認められている（会社法749①二）[1]。そして、会社法上、合併法人が保有する被合併法人株式に対して合併対価資産を交付することが認められないことから、合併法人が被合併法人の発行済株式の全部を保有している場合には、無対価合併を選択せざるを得ない（会社法749①三）。さらに、被合併法人と合併法人の株主構成が同一である場合には、対価を交付したとしても、対価を交付しなかったとしても、合併後の株主構成は変わらないことから、無対価合併を行うことがある。

　このような無対価合併を行った場合に、法人税法上、金銭等不交付要件に抵触するか否かが問題になるが、条文上、被合併法人の株主に合併法人株式又は合併親法人株式のいずれか一方の株式又は出資以外の資産が交付されないこと

1　会社法上、吸収合併を行った場合には、吸収合併契約書に記載する事項として、会社法749条1項2号において「その株式又は持分に代わる金銭等を交付するときは」と規定されていることから、何ら対価を交付しない吸収合併をも認めていると解される。このことは、吸収分割（会社法758四）、株式交換（会社法768①二）においても同様である。
　これに対し、新設合併を行った場合には、新設合併契約書に記載する事項として、会社法753条1項6号において「その株式又は持分に代わる当該新設合併設立株式会社の株式の数又はその数の算定方法」と規定され、同項7号において「株式の割当てに関する事項」と規定され、同項8号において「その株式又は持分に代わる当該新設合併設立株式会社の社債等を交付するときは」と規定されている。すなわち、何ら対価を交付しない新設合併を認めていないと解され、新設分割（会社法763）、株式移転（会社法773）においても同様に解される。このように、何ら対価を交付しない無対価組織再編の議論は、吸収型再編である吸収合併、吸収分割及び株式交換のみの議論であるといえる。

が要件となっており，合併法人株式を交付することは求められていない（法法2十二の八）。そのため，合併法人株式を交付しなかったとしても，他の資産も交付されていないのであれば，金銭等不交付要件には抵触しない。

　また，合併法人が被合併法人の発行済株式の全部を保有している場合，又は被合併法人と合併法人の株主構成が同一である場合には，対価を交付したとしても，対価を交付しなかったとしても，合併後の株主構成は変わらないことから，合併法人株式を交付したものとみなして合併処理を行うことが制度趣旨に合致すると考えられる。

　そのため，平成22年度税制改正及び平成30年度税制改正により，無対価合併を行った場合における税制適格要件の判定方法が明確になり，通常の税制適格要件に加え，以下に該当する事案に限り，税制適格要件を満たすことになった（法令4の3②～④）。

---

① 完全支配関係内の適格合併
　イ．当事者間の完全支配関係がある場合
　　（イ）合併法人が被合併法人の発行済株式の全部を直接に保有している場合
　ロ．同一の者による完全支配関係がある場合
　　（イ）合併法人が被合併法人の発行済株式の全部を直接に保有している場合
　　（ロ）被合併法人と合併法人の株主構成が同一の場合[2]
② 支配関係内の適格合併
　イ．当事者間の支配関係がある場合

2　平成30年度税制改正前に認められていた「合併法人及び当該合併法人の発行済株式等の全部を保有する者が被合併法人の発行済株式等の全部を保有する関係」，「被合併法人及び当該被合併法人の発行済株式等の全部を保有する者が合併法人の発行済株式等の全部を保有する関係」は，被合併法人と合併法人の株主構成が同一かどうかの判定において，「当該被合併法人及び合併法人を除く」と規定されていることから，平成30年度税制改正後も，対価の交付を省略したと認められる場合に含まれると解される。

> 被合併法人と合併法人の株主構成が同一の場合
> ロ．同一の者による支配関係がある場合
> 　（イ）合併法人が被合併法人の発行済株式の全部を直接に保有してい
> 　　　る場合
> 　（ロ）被合併法人と合併法人の株主構成が同一の場合
> ③　共同事業を行うための適格合併
> 　被合併法人と合併法人の株主構成が同一の場合

　上記のうち，実務上，最も利用されるものは，完全支配関係内の適格合併のうち，合併法人が被合併法人の発行済株式の全部を直接に保有している場合（すなわち，100％子会社との合併）と被合併法人と合併法人の株主構成が同一の場合（すなわち，100％兄弟会社との合併）の2つである。

　なお，（イ）直接に保有することが要求されていることから，間接保有は認められていないという点と，（ロ）被合併法人と合併法人の株主構成が同一であるか否かの判定において親族等が保有している株式を含まないことから，以下のような無対価合併を行った場合には，非適格合併として取り扱われてしまうという点にご留意されたい。

【他の親族が保有している場合】

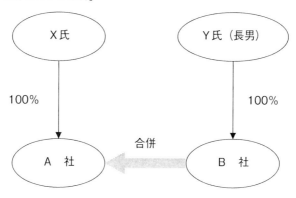

　なお，平成30年度税制改正前は「一の者が被合併法人及び合併法人の発行済
株式等の全部を保有する関係」と規定されていたが，「被合併法人及び合併法
人の株主等（当該被合併法人及び合併法人を除く。）の全てについて，その者
が保有する当該被合併法人の株式（出資を含む。以下この条において同じ。）
の数（出資にあっては，金額。以下この条において同じ。）の当該被合併法人
の発行済株式等（当該合併法人が保有する当該被合併法人の株式を除く。）の
総数（出資にあっては，総額。以下この条において同じ。）のうちに占める割
合と当該者が保有する当該合併法人の株式の数の当該合併法人の発行済株式等
（当該被合併法人が保有する当該合併法人の株式を除く。）の総数のうちに占め
る割合とが等しい場合における当該被合併法人と合併法人との間の関係」と改
められた。そのため，平成30年度税制改正により，株主が複数である場合で
あっても，被合併法人と合併法人の株主が同一であり，かつ，発行済株式総数
に占める割合も同一であれば，税制適格要件に抵触しないことになった。

　ただし，前述のように，発行済株式総数に占める割合が同一であるかどうか
の判定は，親族等が保有する株式を含めずに行うという点に留意が必要である。
そのため，例えば，X氏がA社の発行済株式総数の100分の70に相当する数の
株式とB社の発行済株式総数の100分の60に相当する数の株式を保有しており，
Y氏がA社の発行済株式総数の100分の30に相当する数の株式とB社の発行済
株式総数の100分の40に相当する数の株式を保有している場合には，税制適格
要件に抵触することになる。

【税制適格要件を満たす場合】

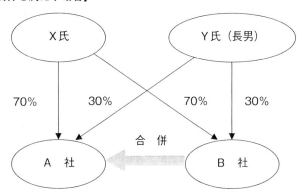

【税制適格要件を満たさない場合】

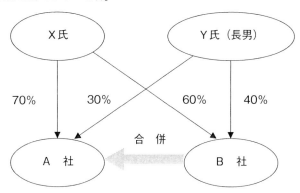

(4)　債務超過会社を被合併法人とする吸収合併

　債務超過会社を被合併法人とする吸収合併を行った場合であっても，資産超過会社を被合併法人とする吸収合併と税制適格要件の判定方法は変わらない。しかし，債務超過会社を被合併法人とする合併を行う場合には，合併比率の算定が困難であることから，①被合併法人の株主に対して何ら対価を交付しない合併を行う方法，②株主間贈与の影響を限定的にできるだけの少数の株式のみ

を交付する方法，③株主間贈与の影響を限定的にできるだけの少額の金銭のみを交付する方法の3つが考えられる。

　このうち，①の手法は，対価の交付を省略したと認められないことから，前述の適格合併として認められる無対価合併の類型に該当しないため，非適格合併に該当してしまう。そのため，実務上，②又は③の手法を採用することが一般的である。

　まず，②の手法は，被合併法人の株主がX氏1名のみである場合に，合併法人株式1株のみを交付すれば，一般的には，株主間贈与は合併法人株式1株の時価に相当する金額だけであることから，株主間贈与の問題を限定的にすることができる。

　そして，③の手法は，合併法人以外の被合併法人の株主に対して，1株につき1円を交付すれば，株主間贈与の問題を限定的にすることができる（現金交付型の適格合併については，下記2参照）。

　なお，②及び③の手法については，不平等な合併比率であることを理由として，税制適格要件に抵触する可能性があるのかという点が問題になるように思われるのかもしれない。なぜなら，法人税法62条及び62条の2において，被合併法人の資産及び負債を譲渡し（又は引き継ぎ），対価として合併対価資産を取得し，直ちに当該合併対価資産を被合併法人の株主に対して交付したものとして取り扱うこととされているのに対し，合併比率が不平等である場合には，合併法人から被合併法人に対する寄附を行っていることから，金銭等不交付要件に抵触するのではないかという解釈もあり得るからである。

【吸収合併の取引図】

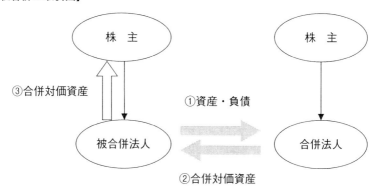

　しかし，法人税法2条12号の8において規定する金銭等不交付要件は，合併法人から被合併法人の株主に対して，合併法人株式又は合併親法人株式のいずれか一方の株式又は出資以外の資産が交付されないことを要求している。そして，合併比率が不平等であることを理由として，合併法人から被合併法人に対して寄附が行われたとみなしたところで，被合併法人の株主に対して，合併法人株式又は合併親法人株式のいずれか一方の株式又は出資以外の資産が交付されたことにはならない。そのため，合併比率が不平等であることを理由として，税制適格要件に抵触することはないと考えられる。

2 現金交付型の適格合併

　平成29年度税制改正により，合併法人が被合併法人の発行済株式総数の3分の2以上を直接に保有している場合には，少数株主に対して交付した対価が金銭等不交付要件の対象から除外された。

　そのため，合併法人が被合併法人の発行済株式総数の3分の2以上を直接に保有する関係を築いた後に，現金交付型合併を行えば，適格合併により少数株主を締め出すことが可能になる。

【現金交付型合併】

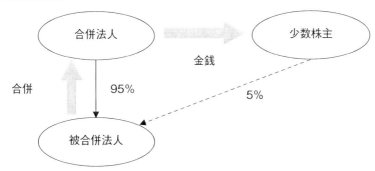

[補足]

　適格合併により，被合併法人の資産及び負債を引き継いだ場合には，被合併法人の資産及び負債を帳簿価額で引き継ぐだけでなく（法法62の2①，法令123の3③），資本金等の額及び利益積立金額も帳簿価額で引き継ぐことになる（法令8①五，9①二）。そして，合併法人が保有していた被合併法人株式の帳簿価額に相当する金額が資本金等の額から減算される。

　さらに，現金交付型合併を行った場合には，合併により引き継ぐ資本金等の額の減算要因として処理される。そのため，被合併法人の資本金等の額が100であり，合併法人が保有している被合併法人株式の帳簿価額が10であり，合併により交付した金銭の額が1である場合には，合併により増加する資本金等の額は89になる。

【合併受入仕訳】
①　資産及び負債の引継ぎ

（資　　　産）	400	（負　　　債）	500
		（資本金等の額）	99
		（未　払　金）	1
		（利益積立金額）	△200

110

② 抱き合わせ株式の消却
（資本金等の額）　　　　　　10　　（被合併法人株式）　　　　　10

　なお，現金交付型合併を行っても，株主の所在が不明であることから，実際に金銭を交付することができない。そのため，貸方の未払金については，最終的には時効が成立し，債務免除益が計上されることが多いと思われる。しかし，債務免除益が計上されたとしても，そもそも交付すべき金銭が少額であれば，益金の額に算入される金額も少額になることから，実務上，支障がないことがほとんどである。

3　非適格合併に該当した場合の問題点

　理論上，被合併法人が債務超過会社である場合には，無対価合併を行うことが考えられる。そして，前述のように，対価の交付を省略したものと認められない場合には，当該無対価合併は非適格合併として取り扱われる。

　非適格合併を行った場合には，下図のように，被合併法人の資産及び負債を時価で譲渡し，対価として合併対価資産を取得し，直ちに，その合併対価資産を被合併法人の株主に対して交付したものとして課税所得の計算を行うことに

【非適格合併における譲渡損益の計算】

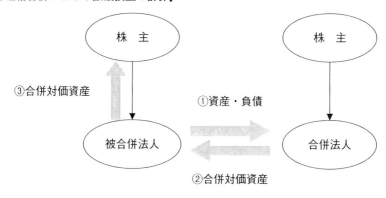

なる（法法62①）。

　すなわち，無対価で非適格合併を行った場合には，合併法人から被合併法人に対して交付する対価がゼロであったと考えられる。被合併法人の簿価債務超過額が100百万円である場合には，その状況にある資産及び負債を０円で譲渡していることから，以下の仕訳のように，被合併法人において100百万円の譲渡益が発生する。これは，被合併法人が保有する資産に何ら含み益がなかったとしても同様である。

```
【無対価の非適格合併】
  （合併対価資産）        0百万円    （資      産）      200百万円
  （負      債）        300百万円    （譲 渡 利 益）      100百万円
```

　このように，債務超過会社を被合併法人とする非適格合併を行う場合には，被合併法人に譲渡益が発生してしまう。さらに，被合併法人では繰越欠損金と当該譲渡益とを相殺することができるが，通常の解散を行った場合と異なり，非適格合併により解散する場合には，「清算中に終了する事業年度」が存在しないことから，法人税法59条３項に規定する特例欠損金（期限切れ欠損金）を使用することもできない。

　これに対し，合併法人では，被合併法人から資産及び負債を０円で取得することから，簿価純資産価額と時価純資産価額が等しいと仮定すると，100百万円の資産調整勘定を計上すべきである（法法62の８①）。ただし，100百万円の資産調整勘定（のれん）としての価値が認められず，合併法人から被合併法人に対する寄附行為があったと認められる場合には，寄附金として損金の額に算入することができない[3]。合併法人から被合併法人に対する寄附行為であれば，

3　法人税法上，①合併により交付する合併対価資産の時価が約定日から合併の日までの間に高騰した場合，②被合併法人の欠損金額相当額を資産調整勘定として処理するという租税回避が行われている場合に対して，資産等超過差額として処理する旨の規定が定められている（法令123の10④⑥，法規27の16）。しかし，実務上，これに該当することはほとんどないため，本書では，資産等超過差額の解説は行わない。

被合併法人において，譲渡益ではなく，受贈益として取り扱われるが，合併法人と被合併法人の間に法人による完全支配関係がない場合には，受贈益として取り扱われても譲渡益として取り扱われても課税所得への影響は変わらない。

【資産調整勘定としての価値が認められる場合】

（資　　　　産）	200百万円	（負　　　　債）	300百万円
（資産調整勘定）	100百万円		

【資産調整勘定としての価値が認められない場合】

（資　　　　産）	200百万円	（負　　　　債）	300百万円
（寄　附　金）	100百万円		

---

4 ┃ 適格合併に該当する場合

(1) 基本的な取扱い

　実務上，100％子会社が債務超過である場合には，当該子会社を被合併法人とする吸収合併（救済合併）を検討することは少なくない。このような吸収合併が適格合併に該当した場合には，被合併法人の資産及び負債を帳簿価額で引き継ぐだけでなく（法法62の2①，法令123の3③），資本金等の額及び利益積立金額も帳簿価額で引き継ぐことになる（法令8①五，9①二）。そして，合併法人が保有していた被合併法人株式の帳簿価額に相当する金額が資本金等の額から減算される。

　さらに，法人税法施行令9条1項柱書において，「減算」と規定されていることから，法人税法上，マイナスの利益積立金額の存在が認められており，同項2号の規定において，被合併法人から移転を受けた資産の帳簿価額から負債の帳簿価額と資本金等の額の合計額を減算した金額を合併法人の利益積立金額として処理することが明らかにされている。すなわち，被合併法人の利益積立

金額が△80百万円であるならば，合併法人の利益積立金額が80百万円減少することになる。

　具体的な税務上の仕訳は，以下のとおりである。

【合併法人における仕訳】
①　適格合併による資産及び負債の引継ぎ
　　（資　　　　産）　　　50百万円　　（借　入　金）　　　100百万円
　　　　　　　　　　　　　　　　　　　（資本金等の額）　　　30百万円
　　　　　　　　　　　　　　　　　　　（利益積立金額）　　△80百万円

②　抱き合わせ株式の消却
　　（資本金等の額）　　　30百万円　　（子 会 社 株 式）　　30百万円

③　混合による消滅
　　（借　　入　　金）　100百万円　　（貸　付　金）　　　100百万円

　これに対し，被合併法人でも，法人税法62条の２第１項及び同法施行令123条の３第１項において，資産及び負債を帳簿価額により引き継いだものとして課税所得の計算を行うことが規定されており，合併譲渡損益が発生しないことが明らかにされている。

(2)　合併法人が被合併法人の債権を券面額未満で取得している場合

　しかし，合併法人が被合併法人に対する債権を安く取得している場合には，被合併法人から移転を受けた債務100百万円と合併法人が合併前に有していた債権10百万円が混同（民法179）により消滅することから，債務消滅益が生じることになる。

　具体的には，以下の仕訳を参照されたい。

① 適格合併による資産及び負債の引継ぎ
（資　　　産）　　50百万円　　（借　入　金）　　　100百万円
　　　　　　　　　　　　　　　　（資本金等の額）　　　30百万円
　　　　　　　　　　　　　　　　（利益積立金額）　　△80百万円

② 抱き合わせ株式の消却
（資本金等の額）　30百万円　　（子 会 社 株 式）　　30百万円

③ 混同による消滅
（借　入　金）　100百万円　　（貸　付　金）　　　　10百万円
　　　　　　　　　　　　　　　　（債 務 消 滅 益）　　90百万円

なお，債務消滅益が生じるのは合併法人であり，被合併法人ではないという
点に留意が必要である。

(3)　合併法人と被合併法人の債権・債務の帳簿価額が異なる場合

　このような債務消滅益は，①合併法人における債権の帳簿価額と被合併法人
における債務の帳簿価額が異なる場合，②合併法人における債務の帳簿価額と
被合併法人における債権の帳簿価額が異なる場合にも生じることがある。

　本来であれば，両者の帳簿価額は一致しているはずであるが，実務上，帳簿
価額が一致していないことがある。もちろん，過去の経理処理の間違いによる
場合には，修正申告などにより対応すべきであるが，債権・債務の認識基準の
違いによる場合には，合併法人において債務消滅益を認識する必要がある。

5 ┃ 繰越欠損金の引継ぎ

⑴　基本的な取扱い

　債務超過会社を被合併法人とする適格合併を行う場合には，被合併法人が繰越欠損金や含み損資産を有することが多いと思われる。債務超過会社を被合併法人とする適格合併を行ったとしても，資産超過会社を被合併法人とする適格合併を行った場合と法人税法上の取扱いは変わらない。

　すなわち，原則として，被合併法人の繰越欠損金を合併法人に引き継ぐことができるが（法法57②），支配関係が生じてから5年を経過していない場合には，繰越欠損金の引継制限が課される（法法57③）。ただし，支配関係が生じてから5年を経過していない場合であっても，みなし共同事業要件を満たす場合又は時価純資産超過額が繰越欠損金以上である場合には，繰越欠損金の引継制限が課されない（具体的には，次頁のフローチャートのとおりである。）。

　法人税法57条2項において，適格合併を行った場合に被合併法人の繰越欠損金を合併法人に引き継ぐことができることとしているのは，適格組織再編成に該当した場合には，資産及び負債だけでなく，その計算要素も引き継ぐべきだからである（朝長英樹『企業組織再編成に係る税制についての講演録集』34頁（日本租税研究協会，平成13年））。

　そのため，「会社分割・合併等の企業組織再編成に係る税制の基本的考え方」においても，「平成13年版改正税法のすべて」においても，棚卸資産や減価償却などの組織再編税制に係る諸項目の1つとして取り上げられているにすぎない。

　また，分割型分割の場合には，移転する事業に係る繰越欠損金の合理的な区分計算は不可能であることから，繰越欠損金の引継ぎは認められていない（朝長前掲34頁）。さらに，平成22年度税制改正により，合併類似分割型分割の制度が廃止されたことから，現行法人税法57条2項では，適格合併と残余財産の確定による繰越欠損金の引継ぎのみが認められている。

【繰越欠損金の引継制限の判定フローチャート】

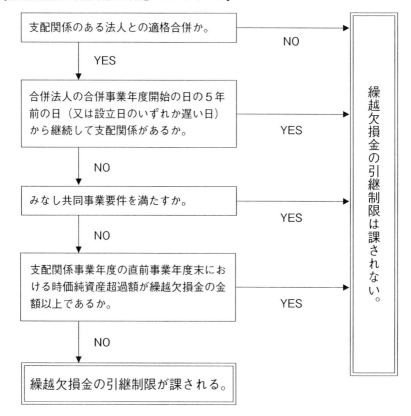

支配関係のある法人との適格合併か。 → NO →

↓ YES

合併法人の合併事業年度開始の日の5年前の日（又は設立日のいずれか遅い日）から継続して支配関係があるか。 → YES →

↓ NO

みなし共同事業要件を満たすか。 → YES →

↓ NO

支配関係事業年度の直前事業年度末における時価純資産超過額が繰越欠損金の金額以上であるか。 → YES →

↓ NO

繰越欠損金の引継制限が課される。

繰越欠損金の引継制限は課されない。

　このように，適格合併を行った場合には，繰越欠損金の引継ぎが認められているが，「企業グループ内の組織再編成については，共同で事業を行うための組織再編成に比べて適格組織再編成に該当するための要件が緩和されていることから，例えば，繰越欠損金等を有するグループ外の法人を一旦グループ内の法人に取り込んだ上で，グループ内の他の法人と組織再編成を行うこととすれば，容易に繰越欠損金等を利用することも可能となってしまう（『平成13年版改正税法のすべて』199頁）」ことから，法人税法57条3項では，支配関係のある法人との間で適格合併を行った場合に対して，繰越欠損金の引継制限を課し

ている。

　ただし，支配関係が生じてから適格合併の日の属する事業年度開始の日まで5年を経過している場合，又は被合併法人の設立の日又は合併法人の設立の日から継続して支配関係がある場合には，「グループ外の法人を一旦グループ内の法人に取り込んだ」わけではないことから，繰越欠損金の引継制限の対象から除外されている。

　また，支配関係が生じてから5年を経過していない場合であっても，みなし共同事業要件を満たす場合には，繰越欠損金の引継制限は課されない。これは，グループ内の適格組織再編成の要件を満たしつつ，共同事業を行うための適格組織再編成の要件を満たすものに対して，繰越欠損金の引継制限を課さないようにするためである（『平成13年版改正税法のすべて』199頁，経済団体連合会経済本部税制グループ『新しい企業組織再編税制』53頁（税務研究会出版局，平成13年））。そのため，「みなし共同事業要件」といわれていることからも，共同事業を行うための適格組織再編成の要件に近いものとなっている。

　しかし，支配関係が生じてから5年以内に行う適格組織再編成を前提としていることから，事業の実態を変化させることによりみなし共同事業要件を満たすことを防止するために，事業規模継続要件が課されていたり，特定役員引継要件における特定役員を支配関係発生日前に役員だった者に限定したりしている（経済団体連合会経済本部税制グループ『新しい企業組織再編税制』53-54頁（税務研究会出版局，平成13年））。

　さらに，支配関係が生じてから5年を経過しておらず，かつ，みなし共同事業要件を満たさない場合であっても，その法人に時価純資産超過額があったり，簿価純資産超過額が軽微であったりするときは，繰越欠損金を利用するためにその法人を買収したとはいえないことから，法人税法施行令113条において特例が定められている（朝長英樹『企業組織再編成に係る税制についての講演録集』95頁（日本租税研究協会，平成13年））。

118

(2)　繰越欠損金の使用制限

　前述のように，適格合併を行った場合には，被合併法人の繰越欠損金に対して，一定の引継制限が課されている。しかし，被合併法人の繰越欠損金のみに制限を課し，合併法人の繰越欠損金になんら制限を課さない場合には，逆さ合併を行うことにより，買収してきた法人の繰越欠損金を不当に利用するような租税回避が考えられる。

　そのため，被合併法人から引き継いだ繰越欠損金だけでなく，合併前に合併法人が保有していた繰越欠損金に対しても同様の使用制限が課されている（法法57④）。具体的には，繰越欠損金の引継制限と同様のフローチャート（116頁）により判定を行うことになる。

(3)　特定資産譲渡等損失の損金不算入

　適格合併を行った場合には，資産及び負債を簿価で引き継ぐ（法法62の２）。そのため，一方の当事者が保有する資産の含み益と他方の当事者が保有する資産の含み損を不当に相殺するようなことが考えられる。『平成13年版改正税法のすべて』221頁においても，「50％を超える持分関係にある法人間での組織再編成については，共同で事業を行うための組織再編成に比べて適格組織再編成に該当するための要件が緩和されていることから，例えば，含み損を有するグループ外の法人を一旦グループ内の法人に取り込んだ上で，グループ内の他の法人と組織再編成を行うこととすれば，容易にその含み損を利用することも可能な状態になってしまう」としている。

　そのため，支配関係が生じてから５年を経過しない法人との間で適格合併を行った場合には，特定引継資産（被合併法人から引き継いだ資産をいう。）又は特定保有資産（適格合併前に合併法人が保有していた資産をいう。）の譲渡，評価換え，貸倒れ，除却その他これらに類する事由から生じた損失に対して，特定資産譲渡等損失の損金不算入が課されている（法法62の7①②）。

　なお，繰越欠損金の引継制限・使用制限と同様に，みなし共同事業要件を満たす場合又は時価純資産超過額がある場合には，特定資産譲渡等損失の損金不算入は課されない。

⑷　合併前に合併法人が被合併法人の発行済株式の全部を備忘価額で取得する手法

　前述のように，無対価合併を行った場合には，対価の交付を省略したと認められる場合を除き，非適格合併として取り扱われる（法令４の３②〜④）。すなわち，下図のように，親族が保有している会社との合併であっても，本来であれば対価の交付を受けるべきＹ氏（長男）が対価の交付を受けていないことから，対価の交付を省略したとは認められないため，無対価合併を行ってしまうと，非適格合併として取り扱われる。

【親族が保有している会社との無対価合併】

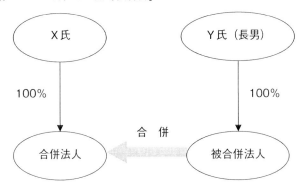

　そのため，債務超過会社を被合併法人とする合併が非適格合併にならないようにするために，合併前に合併法人が被合併法人の発行済株式の全部を備忘価額で取得する手法が採用されることがある。この場合には，新たに当事者間の完全支配関係も生じているが，平成22年度税制改正により，これにより支配関

係が洗い替えられたと考えるのではなく，当初から支配関係が継続していると考えることが明らかにされた（『平成22年版改正税法のすべて』288-289頁（大蔵財務協会，平成22年））。

【合併前に合併法人が被合併法人の発行済株式の全部を備忘価額で取得する手法】

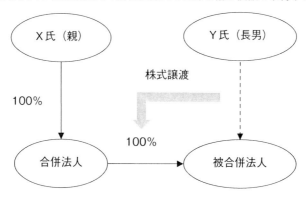

6 期首合併と期中合併の比較

　適格合併を行った場合には，合併法人は被合併法人の繰越欠損金を引き継ぐことができる（法法57②）。この場合，繰越欠損金を利用できる事業年度は，合併法人の適格合併の日の属する事業年度以後の各事業年度である。

　したがって，合併法人が3月決算法人である場合には，×9年4月1日（期首）に合併したときと，×9年3月1日（期中）に合併したときとで，被合併法人の繰越欠損金を利用できる事業年度が異なってくる。

　具体的には，×9年4月1日（期首）に合併した場合には，合併の日である×9年4月1日の属する×10年3月期から繰越欠損金を利用できるのに対し，×9年3月1日（期中）に合併した場合には，合併の日である×9年3月1日の属する×9年3月期から繰越欠損金を利用できるという違いがある。すなわち，期首合併ではなく，期中合併を選択することにより，合併法人において，

被合併法人の繰越欠損金を利用できる事業年度が1年早くなる[4]。

　さらに，×9年3月31日に合併した場合には，被合併法人において，合併の日の前日である×9年3月30日でみなし事業年度を区切り（法法14①二），合併の日である×9年3月31日以降の損益が合併法人に取り込まれる。そのため，合併法人において，被合併法人の繰越欠損金を×9年3月期から利用できる。

　また，被合併法人の適格合併の日前9年以内に開始した各事業年度（平成30年4月1日以後に開始した事業年度において生じた繰越欠損金については，適格合併の日前10年以内に開始した各事業年度）において生じた繰越欠損金を引き継ぐことができることから，×9年4月1日（期首）に合併した場合には，×0年4月1日以後に開始した事業年度である×1年3月期以降の繰越欠損金を引き継ぐことができる。これに対して，×9年3月1日（期中）に合併した場合には，×0年3月1日以後に開始した事業年度である×1年3月期以降の繰越欠損金を引き継ぐことができる。

　したがって，合併法人と被合併法人の事業年度が同じ場合には，期首に合併するのではなく，期中に合併することで，被合併法人の繰越欠損金を早く利用することができるが，被合併法人のどの事業年度において生じた繰越欠損金を引き継ぐことができるのかという観点では同じ結論になる。

4　新設合併を行った場合には，合併事業年度開始の日が設立の日になることから，吸収合併を行った場合と異なり，繰越欠損金を早く使用することはできない。

【×9年4月1日に合併した場合】

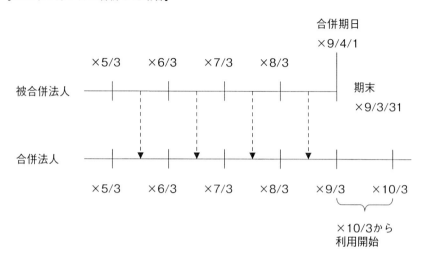

【×9年3月1日に合併した場合】

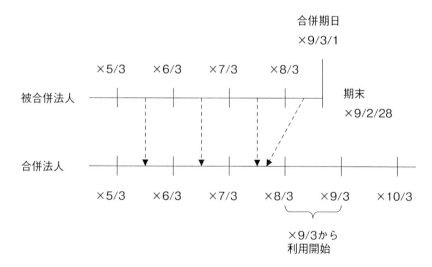

【×9年3月31日に合併した場合】

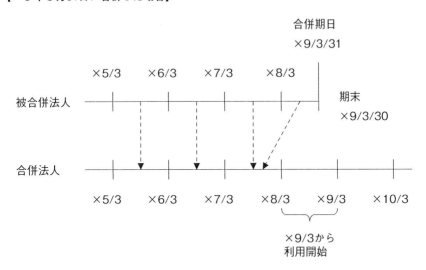

7　繰越欠損金の引継ぎと租税回避の判定（概要）

(1)　平成13年版改正税法のすべて

　法人税法132条の2において，組織再編税制に係る包括的租税回避防止規定が定められている。具体的な条文は以下のとおりである。

> 【法人税法132条の2】
> 　税務署長は，合併，分割，現物出資若しくは現物分配（第2条第12号の5の2（定義）に規定する現物分配をいう。）又は株式交換等若しくは株式移転（以下この条において「合併等」という。）に係る次に掲げる法人の法人税につき更正又は決定をする場合において，その法人の行為又は計算で，これを容認した場合には，合併等により移転する資産及び負債の譲渡に係る利益の額の減少又は損失の額の増加，法人税の額から控除する金額の増加，第1号又は第2号に掲げる法人の株式（出資を含む。第2号において同じ。）の譲渡に係る利益の額の減少又は損失の額の増加，みなし配当金額（第24条第1項（配当等の額とみ

なす金額）の規定により第23条第1項第1号又は第2号（受取配当等の益金不算入）に掲げる金額とみなされる金額をいう。）の減少その他の事由により法人税の負担を不当に減少させる結果となると認められるものがあるときは，その行為又は計算にかかわらず，税務署長の認めるところにより，その法人に係る法人税の課税標準若しくは欠損金額又は法人税の額を計算することができる。

　一　合併等をした法人又は合併等により資産及び負債の移転を受けた法人
　二　合併等により交付された株式を発行した法人（前号に掲げる法人を除く。）
　三　前二号に掲げる法人の株主等である法人（前二号に掲げる法人を除く。）

　このように，法人税法132条の2の射程は，「合併，分割，現物出資若しくは現物分配（括弧内省略）又は株式交換等若しくは株式移転」であることから，事業譲渡や株式譲渡は対象になっていない。

　さらに，法人税法57条2項において，残余財産の確定による繰越欠損金の引継ぎが認められているが，同法132条の2の適用対象にはならないことから，法人税の負担を不当に減少させる結果となると認められる場合には，同法132条に規定されている同族会社等の行為計算の否認を検討することになる。

　組織再編税制に係る包括的租税回避防止規定は，平成13年度に組織再編税制が導入されたタイミングで制定されている。包括的租税回避防止規定が導入された趣旨については，『平成13年版改正税法のすべて』243-244頁において，以下のように記載されている。

7　租税回避行為の防止

　従来，合併や現物出資については，税制上，その問題点が多数指摘されてきましたが，近年の企業組織法制の大幅な緩和に伴って組織再編成の形態や方法は相当に多様となっており，組織再編成を利用する複雑，かつ，巧妙な租税回避行為が増加するおそれがあります。

　組織再編成を利用した租税回避行為の例として，次のようなものが考えられます。

- 欠損金や含み損のある会社を買収し，その繰越欠損金や含み損を利用 するために組織再編成を行う。
- 複数の組織再編成を段階的に組み合わせることなどにより，課税を受 けることなく，実質的な法人の資産譲渡や株主の株式譲渡を行う。
- 相手先法人の税額控除枠や各種実績率を利用する目的で，組織再編成 を行う。
- 株式の譲渡損を計上したり，株式の評価を下げるために，分割等を行 う。

　このうち，欠損金や含み損を利用した租税回避行為に対しては，個別に 防止規定（法法57③，⑥，62の7）が設けられていますが，これらの組織 再編成を利用した租税回避行為は，上記のようなものに止まらず，その行 為の形態や方法が相当に多様なものとなると考えられることから，これに 適正な課税を行うことができるように包括的な組織再編成に係る租税回避 防止規定が設けられました（法法132の2）。

　すなわち，一般的には，組織再編税制が比較的新しい制度であることから，多種多様な租税回避行為が行われると考えられるため，それを防止するために設けられた制度であるといわれている。この点については，特に争われている内容ではなく，むしろ当然の前提となっている。

(2) 繰越欠損金を利用するための適格合併

① 親会社を合併法人とする適格合併

　適格合併を行った場合には，被合併法人の繰越欠損金を合併法人に引き継ぐことができる（法法57②）。支配関係発生日から合併事業年度開始の日までの期間が5年未満である場合には繰越欠損金の引継制限が課されるが，5年以上である場合には繰越欠損金の引継制限が課されない（法法57③）。そのため，事業を廃止し，ペーパー会社になった法人を被合併法人とする適格合併を行っ

た場合であっても，被合併法人の繰越欠損金を合併法人に引き継ぐことができる。

　このような繰越欠損金を利用するためだけに適格合併をする行為に対して，包括的租税回避防止規定（法法132の２）が適用されるのではないかという議論も考えられる。実際，TPR事件では，完全支配関係内の合併であっても，被合併法人で営んでいた事業を合併法人に移転し，その事業が合併法人で引き続き営まれていることを想定したうえで繰越欠損金の引継ぎを認めているのに対し，納税者の取引がそのようなものには該当しないものとして，包括的租税回避防止規定が適用された。

　したがって，TPR事件のように，合併前に被合併法人で営んでいた事業を別会社に移転させた後に，ペーパー会社となった被合併法人の繰越欠損金を合併法人に引き継ぐ場合には，事業の移転先と繰越欠損金の移転先が異なることを理由として，包括的租税回避防止規定が適用される可能性があると考えられる。そして，§１で解説したように，平成22年度税制改正により，事業の移転先ではなく，資産の移転先に繰越欠損金を引き継がせることが制度趣旨に合致するようになった。そのため，被合併法人の保有していた資産の大部分を兄弟会社に移転した後に，ペーパー会社となった被合併法人の繰越欠損金を合併法人に引き継いだ場合には，資産の移転先と繰越欠損金の移転先が異なることを理由として，包括的租税回避防止規定が適用される可能性があると考えられる。

　これに対し，事業を廃止し，ペーパー会社になった法人の場合には，ペーパー会社を存続させる経済合理性はなく，合併又は清算により消滅させることに経済合理性が認められる。そして，平成22年度税制改正により，完全支配関係のある子会社の残余財産が確定した場合であっても，親会社に繰越欠損金を引き継ぐことができるようになった。

　すなわち，完全支配関係のある子会社を清算したとしても，合併したとしても，法人税法上の影響は変わらない。そのため，ペーパー会社になった法人を被合併法人とする適格合併を行ったとしても，法人税の負担を減少させたとまではいえないことから，制度趣旨に反するかどうかを議論するまでもなく，包

括的租税回避防止規定が適用されるべきではないと考えられる。

> ※　『平成22年版改正税法のすべて』284頁では,「残余財産が確定した法人の欠損金については,特定の資産の結びつきが希薄であることを踏まえ,その移転資産の有無に関わらず,合併に係る欠損金の引継ぎと同様の取扱いとすることとされました。」と解説されている。そのため,事業を廃止し,その廃止した事業に係る資産を他の子会社に譲渡した後に,残余財産の確定により繰越欠損金を親会社に引き継いだとしても,同族会社等の行為計算の否認(法法132)を適用すべきではないということになる。これに対し,残余財産が確定した法人の繰越欠損金であっても,特定の資産の結びつきが明確である場合には,同族会社等の行為計算の否認を適用すべきであるとする見解も成り立つ。
>
> 　この点については,廃止した事業に係る資産を他の子会社に譲渡する経済合理性を説明することは容易であろうし,ペーパー会社となった子会社を清算する経済合理性を説明することも容易であることから,実務上,同族会社等の行為計算の否認が適用される事案はそれほど多くはないと思われる。

②　兄弟会社を合併法人とする適格合併

　親会社を合併法人にするのではなく,他の子会社を合併法人にする場合には,子会社の残余財産が確定した場合と比べると,繰越欠損金が引き継がれる法人が異なることから,親会社より他の子会社のほうが課税所得が大きい場合には,法人税の負担が減少することも考えられる。

　そして,TPR事件では,合併による事業の移転及び合併後の事業の継続を想定して,被合併法人の繰越欠損金を合併法人に引き継ぐことを認めたと判示していることから,ペーパー会社との合併により兄弟会社に繰越欠損金を引き継ぐ場合には,制度趣旨に反することが明らかであるといえるのかもしれない。

　しかしながら,事業を廃止したとしても,何かしらの権利,義務を有していることが一般的であり,親会社ではなく,他の子会社を合併法人とする事業目的があり,かつ,その事業目的が主目的であると認められる場合には,包括的租税回避防止規定が適用されるべきではないと考えられる。

(3)　繰越欠損金を利用するための企業買収と適格合併

　『平成13年版改正税法のすべて』244頁では,包括的租税回避防止規定が適用

される具体例として、「繰越欠損金や含み損のある会社を買収し、その繰越欠損金や含み損を利用するために組織再編成を行う」ものが挙げられている。

しかし、支配関係発生日から合併事業年度開始の日までの期間が5年未満である場合には、繰越欠損金の引継制限が課されていることから（法法57③）、それ以外の場合において、包括的租税回避防止規定を適用するのは、制度の濫用が明らかな場合に限るべきであると考えられる。

さらに、平成18年度税制改正において、「欠損等法人の欠損金の繰越しの不適用（法法57の2）」が導入されたことにより、「繰越欠損金や含み損のある会社を買収し、その繰越欠損金や含み損を利用するために組織再編成を行う」ことは難しくなっている。

したがって、繰越欠損金や含み損のある会社を買収し、その繰越欠損金や含み損を利用するために、適格合併を行ったことを理由として、包括的租税回避防止規定が適用されることは稀であると考えられる。

なお、企業買収の現場において、繰越欠損金を利用することができるという節税効果を買収価格に上乗せするということが行われているが、法人税、住民税及び事業税の支出額が軽減されることにより、将来キャッシュ・フローを改善させることは否定できないことから、繰越欠損金を利用することができるという節税効果を買収価格に上乗せしたとしても、それ自体によって包括的租税回避防止規定が適用されるべきではないと考えられる。

しかしながら、事業目的よりも、税負担の減少目的が主目的であると認定された場合には、包括的租税回避防止規定が適用される可能性も否めないことから、事業目的の観点から、企業買収の目的やストラクチャーを決定した理由をそれぞれ明らかにする必要があると考えられる。

　※　ヤフー事件では、繰越欠損金が課税当局によって修正された場合の売却価格調整事項を記載した差入書が存在することについて、東京地裁が問題視していた（東京地判平成26年3月18日TAINSコードZ264-12435参照）。この点につき、太田洋弁護士は、「そもそも、M＆Aの実務において、税効果に関する表明保証条項やそれについて違反があった場合の補償条項（Tax Indemnification条項）が入ることは、欧米におけるM＆Aの契約実務では広く行われており、特に、税務上の繰越欠損金の存在及びそ

の将来における利用可能性が，当事者間で定められた買収対価の額の前提となっているような場合には，このような条項が用いられることはごく一般的である（このような税務上の繰越欠損金の将来における利用可能性が，買収対価の額をその分だけ減額する要因となっている場合には，それが覆った場合のリスク・ヘッジのために，買い手から，Ｍ＆Ａ契約実務に上記のようなTax Indemnification条項を挿入すべきことが主張されるのは，ある意味当然である）」と述べたうえで，「そうであるとすれば，Ｍ＆Ａ契約に上記のようなTax Indemnification条項が定められていたとしても，それを根拠として『異常で変則的な』取引と解すべきではなく，したがって，そのことを法人税法第132条の２を適用すべき根拠として援用すべきではない。」と批判されていた（太田洋・矢野正紘『Ｍ＆Ａ・企業組織再編のスキームと税務』690-691頁（西村あさひ法律事務所，第２版，平成26年））。このような批判は当然のことであるし，控訴審では，その点に対しての補正がなされている（東京高判平成26年11月５日TAINSコードZ264-12563参照）。

⑷　100％子会社化後の適格合併

　税制適格要件の判定上，合併の直前に完全支配関係が成立したとしても，完全支配関係内の合併に該当する。そのため，合併法人が被合併法人の発行済株式総数の70％を保有している場合において，従業者従事要件又は事業継続要件に疑義があるときは，残りの30％を追加取得することにより完全支配関係を成立させたうえで合併を行えば，完全支配関係内の合併に該当させることが可能になる。その結果，従業者従事要件及び事業継続要件を満たす必要がなくなることから，金銭等不交付要件を満たせば，適格合併に該当させることができる。
　また，適格合併を行った場合には，被合併法人の繰越欠損金を合併法人に引き継ぐことができる。支配関係発生日から合併事業年度開始の日までの期間が５年未満である場合には，繰越欠損金の引継制限が課されるが，５年以上である場合には，繰越欠損金の引継制限が課されない。支配関係発生日は，発行済株式総数の50％超を保有することになったかどうかで判定することから，保有比率が70％から100％に引き上げられたとしても，支配関係発生日は更新されない。すなわち，上記の事例では，70％（50％超）を取得した日から合併事業年度開始の日までの期間が５年以上である場合には，繰越欠損金の引継制限が課されない。

この点，合併の直前に被合併法人の発行済株式の全部を取得したことが，租税回避に該当するという考え方もあり得る。しかしながら，繰越欠損金の引継制限に係る諸規定が，合併の直前に被合併法人株式を取得することを前提に作られていることから，完全支配関係を成立させたという理由で租税回避と認定すべきではないと考えられる。

もちろん，包括的租税回避防止規定の適用は，ストラクチャー全体を見ながら判定されるため，経済人として不自然，不合理なストラクチャーの一部として，保有比率を増やした後に，適格合併を行った場合には，包括的租税回避防止規定の適用を受ける可能性があろう。例えば，TPR事件では，完全支配関係内の合併であっても，被合併法人で営んでいた事業を合併法人に移転し，その事業が合併法人で引き続き営まれていることを想定したうえで繰越欠損金の引継ぎを認めているのに対し，納税者の取引がそのようなものには該当しないものとして，包括的租税回避防止規定（法法132の2）が適用されていることから，従業者従事要件又は事業継続要件を満たせない場合には，同規定の適用を受ける可能性がないとは言い難い。

しかしながら，発行済株式総数の70％を保有している関係から，追加的に株式を購入し，完全支配関係を成立させる場合には，①子会社の株主を親会社の株主にしたくないという事業上の理由があったり，②子会社の株主から取得価額で買い取らざるを得ないような事業上の理由があったりすることがほとんどであることから，事業目的が十分に認められる事案も少なくない。

さらに，実務上，完全支配関係のある子会社との合併は，招集通知の発送や株主総会の実施を形式的に済ませることにより，少数株主のいる子会社との合併に比べて，極めて簡便に実施することができることから，合併の直前に完全支配関係を成立させるという行為には経済合理性が認められることが少なくない。

このように，発行済株式総数の70％を保有している関係から，追加的に株式を購入し，完全支配関係を成立させることにより，適格合併に該当させたうえで，被合併法人の繰越欠損金を合併法人に引き継ぐという行為に対しては，原

則として，包括的租税回避防止規定が適用されるべきではないと考えられる。

> ※　ユニバーサルミュージック事件では，国側の主張として「通常，合併に先だって合併法人が被合併法人の株式を全て取得するのは，被合併法人の買収により親法人となった合併法人が，その後の合併に当たって被合併法人の意思決定を自ら行うことができるからである。」としているが，支配関係のない法人を買収した後に合併する事案を想定した主張であることから，上記のような発行済株式総数の70%を保有している関係から，追加的に株式を購入し，完全支配関係を成立させる行為を想定したものではないようにも思われる。
> 　そうであっても，発行済株式総数の70%を保有している関係から，追加的に株式を購入し，完全支配関係を成立させることにより，親会社となった合併法人が，その後の合併にあたって被合併法人の意思決定を自ら行うことができることは否定できないことから，基本的には包括的租税回避防止規定が適用されるべき事案ではないと考えられる。

⑸　支配関係発生日から５年を経過するまで待つ場合

　前述のように，支配関係発生日から合併事業年度開始の日までの期間が５年未満である場合において，みなし共同事業要件を満たさないときは，繰越欠損金の引継制限が課されている（法法57③）。

　そのため，支配関係発生日から合併事業年度開始の日までの期間が５年を経過するまで待ってから，適格合併を行うというケースが考えられる。なぜなら，繰越欠損金は９年間又は10年間の繰越しが認められていることから，最後の４年間又は５年間の時間差を利用して，繰越欠損金を利用することができるからである。そのため，このような行為に対して，包括的租税回避防止規定（法法132の２）が適用されるかどうかにつき検討が必要になる。

　本来であれば，このような５年という形式要件が定められているものに対して，包括的租税回避防止規定（法法132の２）を適用すべきではないと考えられる。もし，これを租税回避と認定するのであれば，支配関係発生日から合併事業年度開始の日まで９年又は10年を経過していない適格合併に対して繰越欠損金の引継制限を課すべきだったからである。

　さらに，ヤフー事件の第一審（東京地判平成26年３月18日TAINSコードZ264-12435）では，「個別否認規定が定める要件の中には，法57条３項が定め

る5年の要件など，未処理欠損金額の引継ぎを認めるか否かについての基本的な条件となるものであって，当該要件に形式的に該当する行為又は事実がある場合にはそのとおりに適用することが当該規定の趣旨・目的に適うことから，包括的否認規定の適用が想定し難いものも存在することは否定できない。」と判示されている。

　もちろん，当初から5年間を経過するまで待つつもりで買収したのであれば，繰越欠損金を利用するための買収及び合併であることから，明らかに個別防止規定を潜脱しており，包括的租税回避防止規定を適用すべき事案があることは否定できない。

　しかしながら，実務上のほとんどの事案は，買収した時点では5年経過するまで待つつもりはなく，事業上の理由で合併を延期せざるを得なかった事案や，繰越欠損金が切り捨てられるよりは合併をせずに被買収会社の収益力で繰越欠損金を利用することを選択した事案がほとんどである。すなわち，買収時点では5年間を経過するまで待つつもりはなく，買収後，3〜4年が経過したことにより，事業上，被買収会社との合併が可能な状況になり，かつ，被買収会社の収益力だけでは繰越欠損金を利用することが困難なことが確定したことにより，残り1〜2年が経過するのを待っている事案がほとんどである。

　理論上は，このようなものにまで，制度の濫用として，包括的租税回避防止規定を適用すべき事案ではないと考えられる。しかし，それでも，5年という形式要件を満たすために，合併を延期するという行為が個別防止規定を潜脱していることは否定できないことから，包括的租税回避防止規定を適用すべきであるという意見もあり得るため，留意が必要である。

　　※　包括的租税回避防止規定が適用される類型として「個別防止規定の潜脱」を例示しているものとして，斉木秀憲「組織再編成に係る行為計算否認規定の適用について」税大論叢73号1-86頁（平成24年）を参照されたい。

　　※　財務省主税局で法人税法の立案に関与されていた朝長英樹氏，佐々木浩氏は，組織再編税制ができた平成13年当時は，欠損金の繰越期間が5年であったことから，長年にわたって支配関係がある法人については繰越欠損金の引継制限，使用制限，特定資産譲渡等損失額の損金不算入を課さなくてよいという考え方における「長年」という

基準が5年になったとしながらも，欠損金の繰越期間が延長されたことに伴って，5年待つという行為に対しては，それぞれ包括的租税回避防止規定が適用される可能性があるという点を指摘されている（朝長英樹『現代税制の現状と課題　組織再編成税制』40頁（注18），42頁，佐々木浩（発言）仲谷修ほか『企業組織再編成税制及びグループ法人税制の現状と今後の展望』59頁（大蔵財務協会，平成24年））。

(6)　玉突き型の組織再編成

　子会社に繰越欠損金がある場合において，その子会社で使用できるだけの十分な収益力がないときは，親会社で繰越欠損金を使うことができないかという質問を受けることが少なくない。一般的には，親会社と子会社の統合を考えることが多いが，稀に，繰越欠損金だけを引き継ぎたいというご質問もある。

　このような場合には，事業譲渡の手法により別会社に事業を移転することもあれば，会社分割の手法により別会社に事業を移転することもある。しかし，このような，子会社が抜け殻になるストラクチャーは，繰越欠損金を移転するためだけに行われたストラクチャーであり，経済合理性が認められないことから，包括的租税回避防止規定が適用される可能性がある（五枚橋實「企業組織再編税制にかかる誤り事例と留意点について」租税研究658号67頁（平成16年），佐々木浩（発言）仲谷修ほか『企業組織再編成税制及びグループ法人税制の現状と今後の展望』130頁（大蔵財務協会，平成24年）参照）。

　すなわち，組織再編成の目的として，事業目的が主目的ではなく，繰越欠損金を移転することが主目的であると認定された場合には，包括的租税回避防止規定（法法132の2）を適用し，繰越欠損金を引き継がないようにすべきである。さらに，わずかな事業目的を外形的に作り出して，実行された組織再編成に経済合理性があることを主張したとしても，税務調査では認められない可能性も考えられる。

　ただし，旧会社に繰越欠損金が存在していたということであれば，新会社で新たに繰越欠損金が生じる可能性も否定できないことから，新会社の資金調達能力に疑義が生じる。もちろん，親会社が連帯保証を行えば足りるが，金融機

関との関係を考えた場合には，今後，必要となる設備投資に備えるために，主要な固定資産や借入金を親会社に移転したほうが望ましいということは少なくない。そのため，実務上，このように完全に抜け殻にするケースは考えにくく，かつては，このようなケースにおける包括的租税回避防止規定の適用が議論になったことすら稀であった。

　これに対し，TPR事件では，工場の建物等及び機械等の製造設備を合併法人に移転し，それ以外の資産を新会社に移転した事案に対して，包括的租税回避防止規定が適用された。本判決の事実認定には疑問はあるが，「本件合併とともに本件設立，本件転籍，本件譲渡及び本件賃貸借が行われたことによって，実態としては，旧a社の営んでいた本件事業はほぼ変化のないまま新a社に引き継がれ，原告は，旧a社の有していた本件未処理欠損金額のみを同社から引き継いだに等しいものということができる。そうすると，本件合併は，形式的には適格合併の要件を満たすものの，組織再編税制が通常想定している移転資産等に対する支配の継続，言い換えれば，事業の移転及び継続という実質を備えているとはいえず，適格合併において通常想定されていない手順や方法に基づくもので，かつ，実態とはかい離した形式を作出するものであり，不自然なものというべきである」としており，今後，類似のストラクチャーを検討するうえで参考にすることができる。

　さらに，「本件合併の主たる目的は本件未処理欠損金額の引継ぎにあったものとみるのが相当であり，前記…で述べた本件合併の不自然さも考慮すると，税負担の減少以外に本件合併を行うことの合理的理由となる事業目的その他の事由が存在するとは認め難いといわざるを得ない」とも判示されており，「行為・計算の不自然さ（異常性・変則性）の程度との比較や税負担の減少目的と事業目的の主従関係等に鑑み，行為・計算の合理性を説明するに足りる程度の事業目的等が存在するかどうかという点を考慮する上記…の考え方を採用する旨を明らかにするものと考えられよう（徳地淳・林史高「判解」法曹時報69巻5号298頁（平成29年））」としたヤフー・IDCF事件の調査官解説とも整合している。

もちろん，§1で述べたように，「税負担の減少以外に本件合併を行うことの合理的理由となる事業目的その他の事由が存在するとは認め難い」というのは明らかに言い過ぎではあるが，「税負担の減少以外に本件合併を行うことの合理的理由となる事業目的があったとしても，明らかに税負担の減少目的が主目的であると認められる」と修正しても，納税者の敗訴は変わらないことから，今後，包括的租税回避防止規定に対して慎重な対応が必要になる。

　以下では，ヤフー事件，TPR事件を踏まえたうえで，債務超過子会社との合併において，包括的租税回避防止規定が適用されないために，どのような点に留意する必要があるのかという点について検討を行う。

　　※　ヤフー控訴審判決（東京高裁平成26年11月5日判決TAINSコードZ264-12563）でも，「仮に上記目的以外の事業上の目的が全くないとはいえないものと認定する余地があるとしても，その主たる目的が，控訴人の法人税の負担を減少させるという税務上の効果を発生させることにあったことが明らかであると認められる」と判示されている。TPR事件における国側の主張においても，当初案に対しては「旧a社の有する未処理欠損金額の全てを原告に引き継ぐという税負担減少を主たる目的として本件合併を企図した」としたうえで，新a社が減価償却費の負担をすることが決まってからは「旧a社の有する未処理欠損金額の全てを原告が利用するという税負担減少のみを目的として本件合併を行ったことが明らか」と主張していることから，納税者側がわずかな事業目的を主張したとしても勝訴できるような理論構成で戦っていることがわかる。

136

【玉突き型の組織再編成】
［ステップ１；新設分社型分割］

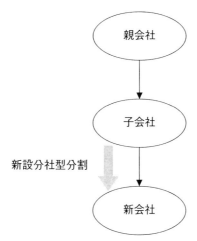

［ステップ２；吸収合併］

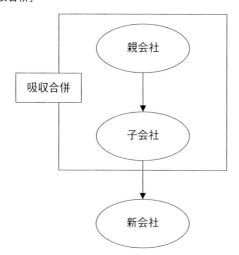

8 ┃ ヤフー事件と包括的租税回避防止規定

(1)　ヤフー事件の概要

　法人税法132条の２に規定する包括的租税回避防止規定について争われた最初の裁判例がヤフー事件（最一小判平成28年２月29日TAINSコードZ266-12813）とIDCF事件（最二小判平成28年２月29日TAINSコードZ266-12814）である。このうち，ヤフー事件は繰越欠損金の引継ぎについて争われ，IDCF事件は適格外しによる資産調整勘定の認識について争われている。本書のテーマとしてIDCF事件はなじまないため，ここではヤフー事件についてのみ解説を行うこととする。

　東京地裁は，包括的租税回避防止規定の射程範囲として，同族会社等の行為計算の否認の射程範囲である「取引が経済的取引として不合理・不自然である場合」だけでなく，「組織再編成に係る行為の一部が，組織再編成に係る個別規定の要件を形式的には充足し，当該行為を含む一連の組織再編成に係る税負担を減少させる効果を有するものの，当該効果を容認することが組織再編税制の趣旨・目的又は当該個別規定の趣旨・目的に反することが明らかであるものも含む」として，買収の２か月前に副社長を送り込んだ行為に対して，包括的租税回避防止規定を適用することにより，繰越欠損金の引継ぎを認めなかった更正処分及び過少申告加算税賦課決定処分を適法と判断した。

　原告はこれを不服として，東京高裁に控訴を行ったが，棄却されたため，最高裁に上告を行った。

(2)　判　　旨

　組織再編成は，その形態や方法が複雑かつ多様であるため，これを利用する巧妙な租税回避行為が行われやすく，租税回避の手段として濫用されるおそれがあることから，法人税法132条の２は，税負担の公平を維持するため，組織

再編成において法人税の負担を不当に減少させる結果となると認められる行為又は計算が行われた場合に，それを正常な行為又は計算に引き直して法人税の更正又は決定を行う権限を税務署長に認めたものと解され，組織再編成に係る租税回避を包括的に防止する規定として設けられたものである。このような同条の趣旨及び目的からすれば，同条にいう「法人税の負担を不当に減少させる結果となると認められるもの」とは，法人の行為又は計算が組織再編成に関する税制（以下「組織再編税制」という。）に係る各規定を租税回避の手段として濫用することにより法人税の負担を減少させるものであることをいうと解すべきであり，その濫用の有無の判断にあたっては，①当該法人の行為又は計算が，通常は想定されない組織再編成の手順や方法に基づいたり，実態とは乖離した形式を作出したりするなど，不自然なものであるかどうか，②税負担の減少以外にそのような行為又は計算を行うことの合理的な理由となる事業目的その他の事由が存在するかどうか等の事情を考慮したうえで，当該行為又は計算が，組織再編成を利用して税負担を減少させることを意図したものであって，組織再編税制に係る各規定の本来の趣旨及び目的から逸脱する態様でその適用を受けるもの又は免れるものと認められるか否かという観点から判断するのが相当である。

(3)　評　　釈

　最高裁判決を要約すると，租税回避の定義を，組織再編税制に係る規定を濫用することにより法人税の負担を減少させるものとしたうえで，濫用の有無の判断にあたっては，①不自然・不合理なものであるかどうか，②事業目的が不十分であるかどうか等の事情を考慮したうえで，（A）税負担を減少させることを意図したものであり，かつ，（B）各規定の趣旨及び目的から逸脱すると認められるか否かという観点から判断すべきであるとしている。

　学術的な立場からすると，①不自然・不合理なものであるかどうか，②事業目的が不十分であるかどうかという点は，その後に「等」が付されていること

から，単なる例示であると考えるべきかもしれない。そして，これらを考慮したうえで，（A）組織再編成を利用して税負担を減少させることを意図したものであり，かつ，（B）各規定の趣旨及び目的から逸脱すると認められるか否かを判断すべきとしていることから，こちらのほうが重要であるのかもしれない。

この点につき，朝長英樹氏は「『判断に当たって考慮する事情』には，最後に『等』が付されており，①と②は例示となっていますので，さまざまな事情を考慮するべきであるとしていることが分かります。（朝長英樹「ヤフー・IDCF事件は『租税回避』の捉え方をどう変えたか」T&Amaster 634号9頁（平成28年））」と指摘されており，太田洋弁護士も「上記①と②とは当該行為又は計算が組織再編税制に係る規定を『濫用する』ものか否かを判断するための考慮事由の1つに過ぎないものとされており（太田洋「ヤフー・IDCF事件最高裁判決の分析と検討」税務弘報64巻6号46頁（平成28年））」と指摘されている。文言上，このように解することには問題がなく，上記①②は例示であると考えるべきであろう。

しかし，文章を書くうえで，このような「等」の使い方をするときは，「等」に該当するものが想定できていないことが多い。最高裁としては，今後の下級審に影響を与えることから，「等」という文言を入れることで柔軟な対応ができるようにしたと思われるが，それでは，実際に「等」に該当するものを想定したとは思えない。

この点につき，調査官解説では，「制度濫用基準の考え方を基礎としつつも，その実質において，経済合理性基準に係る上記の通説的見解の考え方を取り込んだものと評価することができるように思われる。（徳地淳・林史高「判解」法曹時報69巻5号297頁（平成29年））」，「本判決は，上記①及び②等の事情を『……考慮した上で』としている。このような言い回しは，濫用の有無の判断に当たっては，上記①及び②等の事情を必ず考慮すべきであるという趣旨が含意されているものと考えられ，さらにその趣旨を推し進めると，①行為・計算の不自然性と，②そのような行為・計算を行うことの合理的な理由となる事業

目的等の不存在は，単なる考慮事情にとどまるものではなく，実質的には，法
132条の2の不当性要件該当性を肯定するために必要な要素であるとみること
ができるのではなかろうか（例えば，行為・計算の不自然性が全く認められな
い場合や，そのような行為・計算を行うことの合理的な理由となる事業目的等
が十分に存在すると認められる場合には，他の事情を考慮するまでもなく，不
当性要件に該当すると判断することは困難であると考えられる）。（徳地・林前
掲299頁）」と指摘されている。

そのため，実務上は，以下の点を考慮しながら，包括的租税回避防止規定が
適用されるかどうかを判断すべきであると考えられる。

(i)　税負担の減少の意図

(ii)　制度趣旨及び目的からの逸脱

(iii)　不自然，不合理な行為の有無

(iv)　十分な事業目的の有無

しかしながら，同調査官解説では，「行為・計算の不自然さ（異常性・変則
性）の程度との比較や税負担の減少目的と事業目的の主従関係等に鑑み，行
為・計算の合理性を説明するに足りる程度の事業目的等が存在するかどうかと
いう点を考慮する上記…の考え方を採用する旨を明らかにするものと考えられ
よう（徳地・林前掲298頁）」とも指摘されている。

すなわち，事業目的があればよいというわけではなく，事業目的が税負担の
減少目的に比べて同等以上であると認められるかどうかにより，包括的租税回
避防止規定が適用されるかどうかが判断されることになる。

なお，同調査官解説では，「制度の濫用と評価するためには行為者に一定の
主観的要素が必要であるとの常識的な考え方を基礎として，租税回避の意図を
要求したものと考えられる。」としているが，「客観的な事情から租税回避の意
図があると認められれば足りる」ともしている（徳地・林前掲301頁）。そのた
め，「担当者の供述や電子メールなどといった直接立証し得る証拠が必要にな
るわけではない」とも指摘されているが（徳地・林前掲301頁），後述する

TPR事件では，税負担を減少させる意図があったという証拠の１つとして，電子メールが挙げられている。

　ヤフー事件は，特定役員引継要件を満たすために，支配関係発生日の２か月前に特定役員を送り込むというわかりやすい事案であったため，電子メールを証拠として挙げられなかったとしても，似たような結論になったと思われる。TPR事件も同様であると思われるが，税務調査において租税回避として認定されないためには，税務調査でみられるであろう資料の整備というのも重要になってくることから，後述するTPR事件では，その点についても分析を行うこととする。

　　※　TPR事件に係る平成28年７月７日国税不服審判所裁決（TAINSコードF0-2-672）における原処分庁の主張では，①本件一連の行為が不自然なものであることについて，②税負担の減少以外に本件一連の行為を行うことの合理的な理由となる事業目的その他の事情が存在しないことについて，③本件一連の行為が，組織再編成を利用して税負担を減少させることを意図したものであることについて，④本件合併により請求人が■■■■の未処理欠損金額を引き継ぐことは，法人税法57条２項の本来の趣旨及び目的から逸脱する態様でその適用を受けるものであることについて，がそれぞれ主張されている。これを要約すれば，①不自然，不合理な行為の有無，②十分な事業目的の有無，③税負担の減少の意図，④制度趣旨及び目的からの逸脱となり，上記(i)〜(iv)を総合的に勘案して，包括的租税回避防止規定の検討を行っていることがわかる。

9　TPR事件と包括的租税回避防止規定

(1)　論点の整理

　§１で解説したように，TPR事件では，①包括的租税回避防止規定を適用しなければならないほど，制度趣旨に反することが明らかな取引であったのか，②完全支配関係内の合併であっても事業単位の移転が必要であるという東京高裁が示した制度趣旨が正しかったのか，という点が問題となる。

　TPR事件では，資産及び負債を簿価で引き継ぐことを認めていながら，繰越欠損金の引継ぎのみを否定している。このことから，法人税法２条12号の８

に規定している税制適格要件に係る制度趣旨と同法57条2項に規定している繰越欠損金の引継ぎに係る制度趣旨が異なるのではないかという疑問が生じるが,法人税法57条2項は,適格合併の場合には,資産及び負債を簿価で引き継ぐだけでなく,その計算要素も引き継ぐべきであるということで設けられた規定であることから(朝長英樹『企業組織再編成に係る税制についての講演録集』34頁(日本租税研究協会,平成13年)),法人税法2条12号の8と同法57条2項の制度趣旨が異なるということにはならない。

　この点につき,東京地裁は「法人税法132条の2は,法人の行為又は計算が組織再編税制に係る各規定を租税回避の手段として濫用することにより法人税の負担を不当に減少させるものである場合に適用されるものであるところ,どの規定が濫用されたのかによって否認すべき租税法上の効果は異なり得るといえるから,法人税の更正又は決定に当たり,複数の租税法上の効果のうち未処理欠損金額の引継ぎという効果のみを否認するということも許容されるといえる。また,同法57条3項の適用により被合併法人の有する未処理欠損金額の一部を引き継ぐことができなくなる場合であっても,その合併に伴う移転資産等に係る譲渡損益の計上の繰延べ(同法62条の2第1項)等が否定されるものではないことからすると,同法は,移転資産等に係る課税繰延べと被合併法人の有する未処理欠損金額の引継ぎが常に一体として認められるものではないことを予定しているものといえる」と判示しており,東京高裁も同様の判断を行っている。

　そして,法人税法57条3項は,「企業グループ内の組織再編成については,共同で事業を行うための組織再編成に比べて適格組織再編成に該当するための要件が緩和されていることから,例えば,繰越欠損金等を有するグループ外の法人を一旦グループ内の法人に取り込んだ上で,グループ内の他の法人と組織再編成を行うこととすれば,容易に繰越欠損金等を利用することも可能となってしまう(『平成13年版改正税法のすべて』199頁)」ことを理由として設けられた要件である。

　すなわち,税制適格要件の制度趣旨に反する形で繰越欠損金を不当に利用す

る租税回避が行われている場合には，法人税法132条の2を適用する場合であっても，同法57条3項のように，税制適格要件を満たしつつも，繰越欠損金の引継ぎを否定することが容認されるとしているにすぎない。

このように，TPR事件で示された制度趣旨は，法人税法2条12号の8に規定している税制適格要件の制度趣旨であり，完全支配関係内の合併であっても事業単位の移転が必要であると判示しているのである。

このような制度趣旨が平成22年度税制改正と整合しないことは§1で述べたとおりである。そして，TPR事件で示された制度趣旨が財務省や国税庁から公表されたことはないことから，その制度趣旨が正しかったとしても，それを納税者が予想するのは不可能である。

それだけでなく，平成13年度の組織再編税制の立案に関与された朝長英樹氏は，平成26年の段階では，「ヨーロッパは『事業の継続性』に着目した制度，アメリカは『株主の投資の継続性』に着目した制度，そして，我が国の場合には『グループ』に着目した制度，ということになります。(朝長英樹『組織再編成をめぐる包括否認と税務訴訟』484頁(平成26年，清文社))」と説明されている。この説明からは，完全支配関係内の合併であっても事業単位の移転が必要とされるのはヨーロッパの税制であるとしか読めず，平成26年の段階で，我が国の税制においても，完全支配関係内の合併であっても事業単位の移転が必要であると考えた税務専門家は皆無に等しかったと思われる。

もちろん，事業又は資産の移転先に繰越欠損金を引き継がせるべきという考え方そのものは理解できるし，十分に予想できたといえるが，事業用の建物や設備を合併法人に移転させる場合であっても，制度趣旨に反することが明らかであることを十分に予想できたとはいい難い。さらにいえば，組織再編税制のあらゆる規定の制度趣旨について，どのような場合であれば制度趣旨に反することが明らかであり，どのような場合であれば制度趣旨に反しないことが明らかであるのかを明確に線引きすることはできない。

結局のところ，実務上は，税負担減少の意図があったとしても，事業目的が主目的であることを理由として，包括的租税回避防止規定を適用すべき事案で

ないことを立証していくほかないと思われる。

(2) 税負担減少の意図

　前述のように，TPR事件では，「税負担の減少以外に本件合併を行うことの合理的理由となる事業目的その他の事由が存在するとは認め難い」と判示されているが，わずかでも事業目的があれば覆せるというものではなく，事業目的が主目的であることを主張していく必要がある。

　この点につき，TPR事件において，納税者側は，本件合併による法人税の負担減少は副次的効果にすぎず，目的の1つですらなかったと主張しただけに留まらず，証人尋問において，税務上のメリットを考慮しなかったとか，審議・議論の対象とはならなかったなどと供述したようであるが，「経営会議や取締役会において経営企画室や経理部から資料として示された書面には，常に未処理欠損金額を引き継ぐことによる節税に関する記載があったこと等に照らし，いずれも採用することはできない」と一蹴されている。

　これは当然のことであり，法人税の負担が減少している取引を行っていながら，税負担の減少目的が全くなかったと主張するのは無理があるし，過剰にそのような主張をすれば，税務調査においては税務調査官の心証を，裁判においても裁判官の心証を害するのは明らかである。「税負担が減少することは気づいていたが，事業上の理由から，このような取引をすることに合理性があると判断されたため，本取引を実行した」と主張するのが精一杯のはずである。

(3) TPR事件で示された事業目的の不足

　TPR事件の当初案では，TPRの一部門として原材料の調達を行う部門を新設し，新会社は人員のみを抱えた賃加工会社の形態となり，TPRから設備を貸与され，材料も支給されることとなって，原則として，利益も赤字も出ない会社になることを予定していた。

東京地裁も，「本件合併について検討を始めた当初は，原告内に新たな部門を設け，生産委託会社として設立した新会社にアルミホイールの製造を委託することが検討されるなど，本件事業を原告の一部門として取り込むことにより旧ａ社の損益を改善するといった事業目的もあったものといえるものの，結局は，原告内に新たな部門が設置されることはなく，本件事業は新ａ社に引き継がれ，本件製造設備等の減価償却費相当額を同社に負担させるとの方針が決まった頃（平成22年１月13日頃）以降は，本件合併自体によって本件事業の損益状況の改善を図るという目的を達成することはできない状況にあったといえる。」と判示しており，当初案であれば，包括的租税回避防止規定が適用されなかった可能性があったことを示唆している。

このように，建物及び設備を合併法人に移転するだけでは足りず，一連の組織再編成による事業実態の変化が必要になるといえる。さらにいえば，一連の組織再編成と事業実態の変化との間に直接的な関係があることが必要になるため，一連の組織再編成と直接的に関係のない事業実態の変化があったとしても，包括的租税回避防止規定が適用される可能性は否めない。

この点，ビジネス上の観点からは，平成22年１月27日の常務席会議において提案されたように，新会社に責任を持たせるために，固定資産に係る減価償却費等を新会社に請求し負担させること，新会社からの仕入価格を原価の実態に合わせた金額にすることなどを前提として，原告が新会社から仕入れる製品の仕入価格を見直すという案は理解できる。当初案のように，新会社が利益も赤字も出ない単なる業務委託の会社になってしまうと，従業員のモチベーションが低下してしまうからである。しかし，その結果として事業実態に変化が生じないようになってしまうと，包括的租税回避防止規定が適用されるリスクが高まってしまう。

さらに，「確かに，本件製造設備等は原告の所有となったものの，新ａ社は，本件賃貸借により減価償却費相当額の賃借料を負担することとなったものであるし，ｂ社からの受注量減少に伴う赤字リスクを原告が負担することとなったのは，旧ａ社との間で行うことも可能であった本件単価変更によるものである

ことに照らせば，本件合併自体の効果によって原告の主張する損益構造の変更，
事業リスクの所在の変更が生じたと評価することは相当でないといわざるを得
ない。また，原告における本件事業の管理体制の強化についても，旧ａ社の事
業を原告における予算会議の審議対象とすることなどにより，本件合併によら
ずとも実現可能であったということができる。」と判示されている。ここまで
いわれてしまうと，事業実態が変化したというためには，当初案にあるように，
業務フローの一部を旧会社に残したうえで，合併により，当該業務フローの一
部を合併法人に引き継がざるを得ないということになる。

　このような業務フローの一部を合併法人に引き継ぐことができない場合には，
新会社に事業を移転する際に，①従業員のリストラ，②給与体系の見直し（退
職金の打切支給を含む。），③役員構成の見直し，④不採算部門の閉鎖，⑤外部
との契約関係の見直しを検討せざるを得ない。もともと赤字であるからこそ，
このような組織再編成を行うことを検討したのであるから，新会社に事業を移
転する際に，痛みを伴う経営改善を行うことについては経済合理性が認められ
るし，新会社に事業を移転するからこそ，痛みを伴う経営改善を行うことが可
能であったと主張することができるからである。

⑷　TPR事件で示された税負担減少の意図

　TPR事件では，「本件合併の主たる目的は本件未処理欠損金の引継ぎにあっ
たとみるのが相当」であると判示されている。裁判所の認定事実には，メール
に記載されていた「メリット」，「ねらい」において節税効果が挙げられていた
ことも記されているが，それだけの理由で否認されるとすれば，税負担の減少
の意図のない節税は存在しないため，この世にある節税はすべて租税回避とい
うことになる。

　さらに，膨大なメールの中から節税効果について書かれているメールをピッ
クアップするためには，ある程度の当たりをつける必要があり，現実的には，
経営会議や取締役会に提出された資料から当たりをつけていったと想定される。

　もし，そのような当たりをつけずに，膨大なメールから節税効果について書かれているメールをピックアップすることができたと仮定しても，そのようなメールだけを根拠として，鬼の首を取ったかのように租税回避であると主張しようとすれば，けしからん課税の典型であることから，そこまでお粗末な否認をしてくるとは思えない。

　そうなると，事業目的が主目的であることを主張できるだけの書類の整備が重要になり，その典型的な書類は，経営会議，取締役会，その他の社内会議で提出された資料であるといえる。

　さらに，会計事務所の立場からすれば，「節税」を前面に出した提案書を作ること自体が租税回避であると認定されるリスクが高いといえる。例えば，「子会社の繰越欠損金を利用した節税のご提案について」と題した提案書が存在した場合には，税負担の減少を目的としてストラクチャーを検討し，事業目的は後付けであるという心証を与えることは容易に想像ができる。これに対し，「子会社の再建を目的とした事業再編のご提案について」と題した提案書であれば，少なくても，事業目的が後付けであるという心証は与えない。

　そう考えると，包括的租税回避防止規定が適用されないようにするためには，組織再編成に係る一連の書類がきちんと整理されており，事業目的が十分に認められる取引であるという心証を与えることができるかどうかという点が重要になってくると考えられる。

債務超過子会社の清算・再建の税務

　§1で解説したように，特別清算（和解型）を用いた第2会社方式であっても，法人税基本通達9－6－1⑵ではなく，同通達9－4－1で判断することになる。さらに，TPR事件では，玉突き型の組織再編成に対して，旧会社と新会社の同一性が排除されていないことを理由として，包括的租税回避防止規定が適用された。そのため，第2会社方式における旧会社と新会社の同一性の排除についての判断においても，本判決が影響を与えることになりかねない。

　本セクションでは，債務超過子会社の清算・再建に伴う税務上の論点について解説を行う。

1 ┃ 法人税基本通達の解説

　法人税法には貸倒損失に係る規定は存在せず，法人税法22条4項において，「第2項に規定する当該事業年度の収益の額及び前項各号に掲げる額は，別段の定めがあるものを除き，一般に公正妥当と認められる会計処理の基準に従って計算されるものとする。」と規定されているにすぎない。

　そして，法人税基本通達9－6－1から9－6－3では貸倒損失に係る取扱いが定められており，法人税基本通達9－4－1，9－4－2では子会社支援損失に係る取扱いが定められている。その概要は以下のとおりである。

法人税基本通達	9－6－1	法的に金銭債権が貸し倒れた場合
	9－6－2	金銭債権の全額が回収不能になった場合
	9－6－3	一定期間取引停止後に弁済がない場合
	9－4－1	子会社等を整理する場合
	9－4－2	子会社等を再建する場合

　このように，法人税基本通達9－6－1は法的に金銭債権が消滅した場合として整理することができ，同通達9－6－2，9－6－3は経済的に金銭債権の回収が不可能である場合として整理することができる。

　そして，同通達9－6－1を検討する場合には，法的に金銭債権が消滅していることから，寄附金に該当するか否かという点が論点となり，同通達9－6－2，9－6－3を検討する場合には，法的には金銭債権が残っていることから，いずれの事業年度において損金の額に算入すべきであるかという点が論点となる。

　このうち，同通達9－6－2は，「債務者の資産状況，支払能力等からみてその全額が回収できないことが明らか」であることが必要になることから，§1で解説した同通達9－6－1⑷と同様に，実務上，これを適用することは極めて難しい。さらに，同通達9－6－3は，「債務者との取引を停止した時以後1年以上経過した場合」又は「売掛債権の総額がその取立てのために要する旅費その他の費用に満たない場合」に適用することができるのに対し，子会社との取引を停止することは考えにくく，かつ，子会社に対する売掛債権には，取立てのための経費が発生しないことから，そもそも適用することが難しい。

　さらに，§1で解説したように，同通達9－6－1⑵を適用することはできないし，9－6－1⑷を適用することも難しい。そのため，実務上，子会社の清算，再建のために生じた損失については，同通達9－4－1又は9－4－2の検討を行わざるを得ない。

　なお，法人税基本通達9－4－1，9－4－2では，子会社整理損失及び子会社支援損失について定められており，その具体的な規定内容は以下のとおり

である。

【法人税基本通達９−４−１（子会社等を整理する場合の損失負担等）】

　法人がその子会社等の解散，経営権の譲渡等に伴い当該子会社等のために債務の引受けその他の損失負担又は債権放棄等（以下９−４−１において「損失負担等」という。）をした場合において，その損失負担等をしなければ今後より大きな損失を蒙ることになることが社会通念上明らかであると認められるためやむを得ずその損失負担等をするに至った等そのことについて相当な理由があると認められるときは，その損失負担等により供与する経済的利益の額は，寄附金の額に該当しないものとする。

（注）　子会社等には，当該法人と資本関係を有する者のほか，取引関係，人的関係，資金関係等において事業関連性を有する者が含まれる（以下９−４−２において同じ。）。

【法人税基本通達９−４−２（子会社等を再建する場合の無利息貸付け等）】

　法人がその子会社等に対して金銭の無償若しくは通常の利率よりも低い利率での貸付け又は債権放棄等（以下９−４−２において「無利息貸付け等」という。）をした場合において，その無利息貸付け等が例えば業績不振の子会社等の倒産を防止するためにやむを得ず行われるもので合理的な再建計画に基づくものである等その無利息貸付け等をしたことについて相当な理由があると認められるときは，その無利息貸付け等により供与する経済的利益の額は，寄附金の額に該当しないものとする。

（注）　合理的な再建計画かどうかについては，支援額の合理性，支援者による再建管理の有無，支援者の範囲の相当性及び支援割合の合理性等について，個々の事例に応じ，総合的に判断するのであるが，例えば，利害の対立する複数の支援者の合意により策定されたものと認められる再建計画は，原則として，合理的なものと取り扱う。

　そして，法人税基本通達９−４−１，９−４−２が設けられた制度趣旨について，国税庁ＨＰタックスアンサー（No.5280 子会社等を整理・再建する場合の損失負担等に係る質疑応答事例等）では，以下のように記載されている。

　「法人税の執行上，民商法重視の立場に立てば親子会社といえどもそれぞれ別個の法人ですから，仮に子会社が経営危機に瀕して解散等をした場合であっても，親会社としては，その出資額が回収できないにとどまり，それ以

上に新たな損失負担をする必要はないという考え方があります。しかしながら，一口に子会社の整理といっても，親会社が，株主有限責任を楯にその親会社としての責任を放棄するようなことが社会的にも許されないといった状況に陥ることがしばしば生じ得ます。

つまり，親会社が子会社の整理のために行う債権の放棄，債務の引受けその他の損失負担については，一概にこれを単純な贈与と決めつけることができない面が多々認められるということであり，このようなものについて，その内容いかんにかかわらず，常に寄附金として処理する等のことは全く実態に即さないといえます。

また，一概に無利息又は低利貸付けといっても，そのことについて経済取引として十分説明がつくという場合には，子会社整理等の場合における損失負担等と同様に，常にこれを寄附金として取り扱うのは相当でないといえます。

そこで，そのようなものについては，税務上も正常な取引条件に従って行われたものとして取り扱い，寄附金として認定をしない旨を明らかにしたものです。」

このように，子会社整理損失及び子会社支援損失に係る通達が，寄附金に係る通達として規定されているという点に特徴がある。すなわち，貸倒損失として処理できるのであれば，法人税基本通達9－6－1によって解決できるのであるが，貸倒損失として処理できないことから，寄附金の特例として定められているのである。

なお，貸倒損失として認められていないことから，法人税法上，損金の額に算入することができたとしても，消費税法上，貸倒れに係る消費税額の控除（消法39）を適用することはできない。

2 法人税基本通達9−4−1

　前述のように，法人税基本通達9−4−1では，子会社等の解散，経営権の譲渡等に伴い当該子会社等のために債務の引受けその他の損失負担又は債権放棄等をした場合において，その損失負担等をしなければ今後より大きな損失を蒙ることになることが社会通念上明らかであると認められるときに，損失負担により生じた損失を損金の額に算入することが認められている。なお，「債務の引受けその他の損失負担又は債権放棄等」と規定されていることから，親会社から子会社への債権放棄だけでなく，子会社の債務を負担することも含まれている。そのほか，子会社の従業員に支払う退職金や弁護士に支払う倒産のためのコストについての損失負担も含まれている。

　法人税基本通達9−4−1を適用することができるかは，国税庁HPタックスアンサーにおいて，以下のような点について総合的に検討したうえで判断されることが明らかにされている。

① 損失負担等を受ける者は，「子会社等」に該当するか。

② 子会社等は経営危機に陥っているか（倒産の危機にあるか）。

③ 損失負担等を行うことは相当か（支援者にとって相当な理由はあるか。）。

④ 損失負担等の額（支援額）は合理的であるか（過剰支援になっていないか。）。

⑤ 整理・再建管理はなされているか（その後の子会社等の立ち直り状況に応じて支援額を見直すこととされているか。）。

⑥ 損失負担等をする支援者の範囲は相当であるか（特定の債権者等が意図的に加わっていないなど恣意性がないか。）。

⑦ 損失負担等の額の割合は合理的であるか（特定の債権者だけ不当に負担を重くし又は免れていないか。）。

　このうち，上記②については，倒産の危機に至らないまでも経営成績が悪い

など，放置した場合には今後より大きな損失を蒙ることが社会通念上明らかである場合も含まれる。

そして，上記⑤については，法人税基本通達9－4－2については検討が必要であるものの，同通達9－4－1については検討が不要であることがほとんどであるが，子会社の整理に長期間を要するときは，その整理計画の実施状況の管理を行うこととしているかを検討する必要がある。

なお，法人税基本通達9－4－1が債権者平等主義の原則の例外として位置付けられていることから，他の債権者よりも親会社が大きな負担を負うことが前提になる。そのため，上記⑥⑦をどのように解するのかが問題となる。

この点については，国税庁HPタックスアンサーにおいて，親会社1社の支援にならざるを得ない場合として，次のような事情により親会社と子会社の事業関連性が強く，他の関係者に支援を求められない場合が紹介されている。

> イ．資本の大部分を有している。
> ロ．系列の会社で，親会社の名称等の冠を付している。
> ハ．役員の大部分を親会社から派遣している。
> ニ．借入れの大部分を親会社からの融資で賄っている。

第2会社方式においては，子会社の資産及び負債が時価で新会社に譲渡されることから，のれんを含む事業価値の算定が適正である限り，過剰支援ということにはならないため，上記④を問題とすべきではない。そして，上記の理由から⑤～⑦がそれぞれ問題になることはほとんどないし，子会社等に該当しない法人に対して支援を行うことはないため，上記①が問題になることもない。

そうなると，後述する旧会社と新会社の同一性の排除の前に，上記②③をそれぞれ検討する必要があるということになる。すなわち，子会社が倒産の危機に陥っており，第2会社方式を行うことで，親会社の損失負担を軽減できることを立証する必要があるといえる。その結果，第2会社方式と直接的に関連する経営改善が必要となり，一般的に第2会社方式をやらざるを得ない経営改善には，従業員のリストラ，退職金の打切支給，雇用条件の見直し，取引先，仕

入先との契約内容の見直しが該当することになる（もちろん，従業員をグループ内で配置転換することで対応できる事案もあることから，リストラをすることが前提というわけではない。）。

　また，多くの場合において，倒産の危機に陥らせた子会社の取締役の経営責任をどのように取らせるのかという点も問題になる。

　言い換えると，旧会社と新会社の同一性が排除されていない事案とは，痛みを伴う経営改善が行われていない事案であり，第2会社方式をやらなくても済むような経営改善のみが行われている事案である。例えば，親会社との取引価格の見直しのような経営改善は第2会社方式をやらなくても済むような経営改善であることから，第2会社方式の結果として，将来における親会社の負担を軽減することにはならない。

　親会社において生じた損失を損金の額に算入するためには，法人税基本通達9−4−1の適用が問題になることから，①将来における親会社の負担が軽減されないような場合，②第2会社方式以外の手段であっても同様の効果が期待できる場合には，寄附金として認定されるリスクがあるといえる。

3 法人税基本通達9−4−2

　前述のように，合理的な再建計画に基づく債権放棄により生じる損失については，損金の額に算入することが認められている。そのため，どのようなものが合理的な再建計画に該当するのかが問題となる。

　§1で解説したように，法人税基本通達9−4−1，9−4−2の根拠は極めて不明確である。そもそも寄附金の制度は，事業性がある支出なのか，それ以外の支出なのかが不明であることから，グレーなものを含めて寄附金として処理したうえで，一定の損金算入限度額を認めるという枠組みになっており，「経済合理性」という判断は，寄附金の規定には考慮されていないからである。

　そのため，国税庁HPタックスアンサーには，法人税基本通達9−4−2を満たすための要件が記載されているものの，実務上，同通達の要件を満たすこ

とは難しいと考えられる。これに対し，法人税基本通達9－4－1であれば，子会社の事業を廃止したり，M＆Aにより経営権を譲渡したりするという実態があれば，容易に同通達の要件を満たすことができる。もし，子会社の事業を廃止せずに，第2会社方式により事業を継続させる場合であっても，東京国税局調査第一部調査審理課『Q＆A不良債権処理の税務判断』175-176頁を参考にしながら同一性の排除を行うことで，法人税基本通達9－4－1の要件を満たすことができる。

このように，実務上は，法人税基本通達9－4－2ではなく，同通達9－4－1の要件を満たすように，債権放棄ではなく，第2会社方式を選択したほうが無難であると考えられる。

4 完全支配関係がない場合

(1) 債権放棄

① 親会社における税務処理

親会社が子会社に対して債権放棄を行った場合には，原則として，債権放棄により生じた損失が寄附金として取り扱われる。そのため，損金算入限度額を超える部分の金額を損金の額に算入することができない（法法37）。

これに対し，法人税基本通達9－4－2の要件を満たす場合には，子会社支援損失として損金の額に算入することができる。

しかし，同通達の要件を満たすためのハードルは高いことから，実務上は，後述する第2会社方式を採用することが一般的である。

② 子会社における税務処理

法人税法上，債権放棄を受けた場合には，債権放棄により生じた債務免除益を益金の額に算入する必要がある。

(2)　第三者割当増資

①　親会社における税務処理

　親会社が子会社に対して金銭出資を行った場合には，増資により払い込んだ金銭の額が，有価証券の取得価額になる（法令119①二）。なお，原則として，増資直後に当該有価証券の取得価額に算入された金額を有価証券評価損として損金の額に算入することはできない。なぜなら，増資後に子会社の業績が悪化することにより，改めて有価証券評価損を計上することができる事象に該当した場合に限り，有価証券評価損の計上が認められているからである（法基通9－1－12）。

②　子会社における税務処理

　法人税法上，増資により払い込まれた金銭の額を資本金等の額の増加額として取り扱う（法法2十六，法令8①一）。その結果，増資を行った場合には，債権放棄を行った場合と異なり，債務免除益は発生しない。

　なお，資本金等の額が増加することから，住民税均等割，事業税資本割の金額が増加することがある。ただし，平成27年度税制改正により，資本金の額又は資本準備金を減少させることにより欠損填補を行った場合には，住民税均等割，事業税資本割の計算上，当該欠損填補を行った金額を資本金等の額から控除できるようになった（地法23①四の五イ(3)，72の21①三，地規1の9の4②③，3の16②③）。そのため，事業年度末までに欠損填補を行い，住民税均等割，事業税資本割の負担を減らす必要がある。

　そのほか，増加した資本金の額に1,000分の7を乗じた金額に相当する登録免許税が課される。

　　※　増資を行う前の子会社の資本金の額が1億円以下であっても，増資を行うことにより資本金の額が1億円を超えるようなケースが考えられる。そして，資本金の額が1億円を超えることにより，外形標準課税の適用対象になったり，各種の中小企業に対する優遇税制の適用を受けることができなくなったりすることが考えられる。
　　　そのため，子会社の増資を行う場合には，同時に無償減資を行うことにより，資本

金の額を減らすことを検討することが一般的である。

> ※　住民税均等割，事業税資本割の特例は，会社法446条に規定する剰余金に限定されているところ，会社法446条は株式会社の規定であることから，持分会社に対しては，本特例を適用することはできない（渡邊泰大「都道府県民税関係—法人住民税」税72巻12号52頁（平成29年））。

(3)　DES

①　親会社における税務処理

　DES（デット・エクイティ・スワップ）とは，子会社に対する債権を当該子会社に対して現物出資することをいう。

　したがって，その現物出資が適格現物出資に該当するのか，非適格現物出資に該当するのかという点をまず検討する必要がある。DESは事業の移転を伴わない現物出資であり，事業継続要件を満たさないことから，完全支配関係が成立していない場合には，非適格現物出資に該当する。

　非適格現物出資に該当した場合には，子会社に対する債権が時価で譲渡されることから，親会社において譲渡損益が発生する（法基通2−3−14）。実務上，子会社に対する支援のためにDESを行うことから，子会社に対する債権の時価が帳簿価額を下回ることが一般的である。そのため，債権放棄と同様に，現物出資損失が発生することになる。

　現物出資損失を損金の額に算入することができるかは，寄附金の額に算入されるか否かにより判断される。そのため，債権放棄と同様に，法人税基本通達9−4−2の要件を満たす場合には損金の額に算入することができ，要件を満たさない場合には，寄附金として損金算入限度額を超える部分の金額を損金の額に算入することが認められない。

②　子会社における税務処理

　非適格現物出資に該当する場合には，親会社が保有する子会社に対する債権が時価で譲渡される。そのため，例えば，額面金額100，時価10の債権を現物

出資した場合には，税務上，以下の仕訳を行う必要がある。

【DESにおける子会社の仕訳】

（子会社貸付金）　　　　　10　　（資本金等の額）　　　　　　10

【混同による消滅における子会社の仕訳】

（親会社借入金）　　　　100　　（子会社貸付金）　　　　　　10
　　　　　　　　　　　　　　　　（債 務 消 滅 益）　　　　　　90

　つまり，額面振替説により処理するのであれば債務消滅益は生じないが，税務上，非適格現物出資に該当する場合には時価振替説により処理することから，上記のような債務消滅益が生じることになる。

⑷　擬似DES

　疑似DESとは，子会社に対して第三者割当増資により金銭を払い込んだ後に，子会社から貸付金を回収することにより，DESと同様の効果を達成する手法をいう。

　しかし，疑似DESといいながらも，法手続は第三者割当増資と変わらないことから，法人税法上，第三者割当増資と同じ処理を行うことになる。

⑸　第2会社方式

①　第2会社方式の概要

　第2会社方式とは，事業譲渡又は会社分割により，子会社の資産とそれに相当する負債を受皿会社に対して譲渡し，残った子会社の負債を清算手続により切り捨てる手法をいう。新会社では債務超過が解消された状態でスタートすることができるため，赤字子会社に対する支援の方法の1つとして行われている。

160

【第2会社方式】

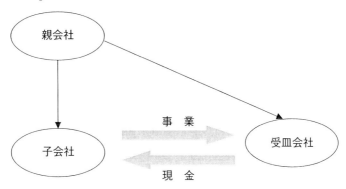

② 親会社における税務処理

親会社では，子会社の清算に伴って，以下の3つの損失が生じる。

- 子会社株式に係る消却損失
- 子会社に対する売掛金，貸付金等に係る損失
- 子会社の借入金の債務引受けに係る損失

このうち，売掛金，貸付金等に係る損失，債務引受けに係る損失が，法人税法上，寄附金に該当した場合には，損金算入限度額を超える部分の金額を損金の額に算入することができない。§1で解説したように，寄附金に該当するかどうかは，法人税基本通達9－6－1⑵ではなく，同通達9－4－1で判断することになる。

そのため，子会社の整理により生じる損失の負担をしなければ，今後より大きな損失を蒙ることになることが社会通念上明らかである場合にのみ損金の額に算入することができると考えられる。この点につき，通常清算の事案ではあるが，東京国税局調査第一部調査審理課『Q＆A不良債権処理の税務判断』175-176頁（ぎょうせい，平成7年）では，第1会社（旧会社）と第2会社（新会社）との間に，持株関係，商号，所在地，役員構成，従業員，資産内容，

事業内容，事業形態などを総合的に勘案して，同一性がない場合には法人税基本通達9-4-1の適用を認め，同一性がある場合には適用を認めないものとされている。

すなわち，子会社の事業を廃止する場合や経営権を譲渡する場合だけでなく，子会社の再生手段として第2会社方式を利用する場合であっても，第1会社（旧会社）と第2会社（新会社）との間に同一性がなければ，同通達9-4-1の適用を受けることができる。したがって，実務上，①社名を変更したり，②固定資産を受皿会社ではなく，親会社に譲渡したり，③従業員の退職金を打切支給したり，④従業員の整理解雇を行ったり，⑤役員構成を変えたりすることにより，同一性の排除を行うことが一般的である。

このような同一性の排除について，§1で解説したTPR事件の結果，従来よりも厳しい判断がなされる可能性が否定できない。なぜなら，事業用の建物や設備を新会社ではなく親会社に移転させたにもかかわらず，旧会社と新会社の同一性があると認定されたことから，法人税基本通達9-4-1の要件を満たすために，旧会社と新会社の同一性を排除するには，事業用の建物や設備を新会社ではなく親会社に移転させただけでは足りないといえるからである。この点については，後ほど検討を行うこととする。

③　子会社における税務処理

(i)　債務免除益課税の取扱い

解散を行った場合において，時価ベースで債務超過であるときは，残余財産の確定の日の属する事業年度において，債権者の債権が切り捨てられ，債務免除益が生じる。その結果，十分な繰越欠損金がない場合には，弁済できない債務の免除益に対して，法人税，住民税及び事業税の負担が生じる。

これに対応するために，法人税法59条3項において，清算中に終了する事業年度前の各事業年度において生じた特例欠損金（期限切れ欠損金）を損金の額に算入することが認められている。

この場合における特例欠損金の損金算入額は，「適用年度の前事業年度以前

の事業年度から繰り越された欠損金額の合計額」から、「繰越欠損金額又は災
害損失金額」を控除した金額とされている（法令118）。「適用年度の前事業年
度以前の事業年度から繰り越された欠損金額の合計額」とは、適用年度の前事
業年度の法人税確定申告書に添付する別表五（一）「利益積立金額及び資本金等
の額の計算に関する明細書」に差引翌期首現在利益積立金額の合計額として記
載されるべき金額で、当該金額が負（マイナス）である場合の当該金額をいう
（法基通12-3-2）。

【別表五（一）】

I　利益積立金額の計算に関する明細書			
区　分	期首現在 利益積立金額	当期の増減		差引翌期首現在 利益積立金額
		減	増	
	①	②	③	④
×××××××	××百万円	××百万円	××百万円	××百万円
小　　　計	××百万円	××百万円	××百万円	××百万円
納税充当金	××百万円	××百万円	××百万円	××百万円
未納法人税等	××百万円	××百万円	××百万円	××百万円
差引合計額	××百万円	××百万円	××百万円	△1,000百万円

「適用年度の前事業年度以前の事業年度から繰り
越された欠損金額の合計額」＝1,000百万円

　上記の結果、適用年度におけるマイナスの期首現在利益積立金額に相当する
金額が、繰越欠損金及び特例欠損金の合計額になる。
　そのため、資本金等の額が0以上である場合には、①残余財産の確定の日の
属する事業年度中における損失、②繰越欠損金、及び③特例欠損金の合計額か
ら資本金等の額を控除した金額と、債務の免除を受ける金額が一致することか
ら、残余財産の確定の日の属する事業年度に損金の額に算入することができな
い経費が多額に生じる場合を除き、債務免除益による法人税、住民税及び事業

税の負担は生じない。

　また，平成23年度税制改正前は，適用年度終了の時における資本金等の額がマイナスである場合には，ほぼすべてのケースにおいて債務免除益課税が生じていたが，平成23年度税制改正により，適用年度終了の時におけるマイナスの資本金等の額を特例欠損金に含める（加算する）ことになった。その結果，残余財産の確定の日の属する事業年度に損金の額に算入することができない経費が生じる場合を除き，債務免除益課税が生じることはないと思われる（法令118一）。

(ii)　事業譲渡（又は会社分割）と解散のタイミング

　前述のように，清算中に終了する事業年度では，特例欠損金を損金の額に算入することが認められている。そして，特例欠損金と相殺することができる益金の額について，特に制限されていないため，債務免除益により生じた益金の額だけでなく，資産の譲渡により生じた益金の額と特例欠損金とを相殺することができる。

　すなわち，事業譲渡（又は会社分割）により受皿会社に事業を移転する場合において，解散の日までに事業譲渡（又は会社分割）を行ったときは，譲渡益と特例欠損金とを相殺することができないが，解散の日の翌日以降に事業譲渡（又は会社分割）を行ったときは，譲渡益と特例欠損金とを相殺することができるという違いがある。

(iii)　その他の税目

　上記のほか，事業譲渡又は会社分割により，資産及び負債を移転する場合には，消費税，不動産取得税，登録免許税，印紙税等の負担が生じ，受皿会社の設立により，登録免許税，印紙税の負担が生じる。

5 ┃ 完全支配関係がある場合

(1) 債権放棄

① 法人税基本通達9-4-2の要件を満たさない場合

前述のように，法人による完全支配関係がない場合において，法人税基本通達9-4-2の要件を満たさないときは，親会社において生じた債権放棄損が寄附金として損金の額に算入されない一方で，子会社において生じた債務免除益が益金の額に算入されることになる。

これに対し，平成22年度税制改正によりグループ法人税制が導入され，法人による完全支配関係がある場合には，贈与を受けた法人において生じた受贈益の全額が益金の額に算入されず（法法25の2①），贈与を行った法人において生じた寄附金の全額が損金の額に算入されないこととなった（法法37②）。

なお，「法人による完全支配関係に限る。」としていることから，「個人による完全支配関係」のみがある場合には，受贈益の益金不算入の規定を適用することはできない。また，「法人による完全支配関係に限る。」と規定されており，「個人による完全支配関係を除く。」とは規定されていないことから，個人による完全支配関係と法人による完全支配関係の両方がある場合には，法人による完全支配関係があることを理由として，受贈益の益金不算入の規定を適用することができる。

また，この制度が設けられた理由として，『平成22年版改正税法のすべて』206頁において，「従来の連結法人間の寄附金については，支出側で全額損金不算入とされる一方，受贈側で益金算入とされており，見方によっては内部取引について課税関係を生じさせているともいえる状態でした。そこで今回，グループ内部の取引については課税関係を生じさせないこととする全体の整理の中で，このグループ内の寄附金についても，トータルとして課税関係を生じさせないこととするものです。なお，支出側で全額損金算入し，受贈側で全額益金算入する方法でも，トータルとしての課税はプラスマイナスゼロとなります

が，この方法によると所得の付替えが容易に行えるようになるため，採用されていません。」と解説されている。

このように，法人による完全支配関係がある場合において，親会社から子会社に対して行った債権放棄が法人税基本通達9－4－2の要件を満たさないときは，子会社において生じた債務免除益は受贈益として益金の額に算入されないことになる（法法25の2）。ただし，その場合には，親会社において生じた債権放棄損については，損金算入限度額を考慮することなく，その全額が寄附金として損金の額に算入されないことになる（法法37②）。

② 法人税基本通達9－4－2の要件を満たす場合

前述のように，法人税基本通達9－4－2の要件を満たす場合には，寄附金に該当しないことから，損金の額に算入することが認められている。すなわち，グループ法人税制との関連についても，法人税基本通達9－4－1又は9－4－2に該当した場合には，贈与を行った法人において寄附金が生じないことから，贈与を受けた法人においても受贈益の益金不算入を適用させる必要がなく，益金の額に算入すべきである。そのため，法人税法25条の2第1項においても，同法37条の規定により寄附金の損金不算入の適用を受けた金額に対応するものに限ることが明らかにされている。

この点につき，『改正税法のすべて（平成22年度版）』（大蔵財務協会）209頁において，「法人がその子会社等の解散，経営権の譲渡等に伴い当該子会社等のために損失負担等をした場合において，そのことについて相当な理由があると認められるときは，その損失負担等により供与する経済的利益の額は，寄附金の額に該当しないものとして取り扱われています（法人税基本通達9－4－1）が，今回の改正は，寄附金の概念を変更するものではないため，この取扱いに影響を及ぼすものではない，すなわち，従来どおり，相当な理由のある損失負担は負担者側の損金及び子会社等の益金となり，相当な理由のない損失負担は寄附として取り扱われることと考えられます。その上で，寄附とされた場合に損金及び益金に算入されるか不算入になるかという部分について改正の影

166

響が及ぶことになります。」と解説されている。

　このように，法人による完全支配関係がある場合において，親会社から子会社に対して行った債権放棄が法人税基本通達9－4－2の要件を満たすときは，親会社において生じた債権放棄損が損金の額に算入され，子会社において生じた債務免除益が益金の額に算入されることになる（法基通4－2－5）。

> ※　子会社が特定同族会社等の留保金課税の対象になる場合には，法人税法67条3項4号において，受贈益の益金不算入の規定により益金の額に算入されなかった金額であっても留保金額を構成することが明らかにされている。
> 　しかし，法人税基本通達16－1－7では，留保控除額を計算する場合において，当該事業年度終了の時における資本金の額の25％相当額から控除すべきその時における利益積立金額が負（マイナス）であるときは，当該資本金の額の25％相当額とその負（マイナス）の金額との差額に相当する金額により留保控除額を計算することが明らかにされている。すなわち，例えば，資本金の額の25％相当額が1,000万円であり，利益積立金額がマイナスの500万円である場合には，留保控除額は1,500万円となる。そのため，債務免除益が留保金額を構成したとしても，留保控除額が留保金額を上回ることがほとんどであることから，特定同族会社等の留保金課税が課される事案は稀であると考えられる。

(2)　DES

　前述のように，DESを行った場合には，適格現物出資に該当するのか，非適格現物出資に該当するのかという点をまず検討する必要がある。そして，現物出資前に現物出資法人と被現物出資法人との間に完全支配関係があり，かつ，当該完全支配関係が継続することが見込まれている場合には，適格現物出資に該当する（法法2十二の十四）。

　適格現物出資に該当した場合には，子会社に対する債権が帳簿価額で譲渡されることから，親会社では何ら譲渡損益は生じない。また，子会社でも，受け入れた債権と債務が混同により消滅するものの，受け入れた債権の帳簿価額と当初から有していた債務の帳簿価額が一致していることから，債務消滅益は生じないことが一般的である。

　ただし，親会社が子会社に対する債権を外部から安く購入している場合には，債務消滅益が生じることがある。例えば，額面金額100の債権を10で親会社が

取得している場合には，親会社における帳簿価額は100ではなく10であることから，税務上，以下の仕訳を行う必要がある。

【DESにおける子会社の仕訳】

| （子会社貸付金） | 10 | （資本金等の額） | 10 |

【混同による消滅における子会社の仕訳】

| （親会社借入金） | 100 | （子会社貸付金） | 10 |
| | | （債務消滅益） | 90 |

---

(3)　第2会社方式

①　基本的な考え方

　前述のように，第2会社方式により，親会社において子会社整理損失，子会社において債務免除益がそれぞれ生じることになる。そして，完全支配関係がある場合であっても，法人税基本通達9−4−1の要件を満たし，当該子会社整理損失を損金の額に算入することができる場合には，債務免除益が生じる子会社において受贈益の益金不算入を適用することができない。そのため，子会社では，債務免除益と繰越欠損金及び特例欠損金を相殺することにより，債務免除益課税を回避する必要がある。

　さらに，法人税法57条2項では，完全支配関係がある子会社の残余財産が確定した場合には，当該子会社の繰越欠損金を親会社に引き継ぐことが認められている。ただし，債務免除益が生じていることから，債務免除益と相殺した後の繰越欠損金のみを引き継ぐことができる。そして，支配関係が生じてから5年を経過していない場合には，繰越欠損金の引継制限が課される（法法57③）。

　※　厳密には，所得の金額の50％に相当する金額までしか損金の額に算入することができない場合には，特例欠損金の損金算入を行ったうえで，法人税法57条5項の規定により，特例欠損金の損金算入に相当する金額の繰越欠損金がないものとされる。

　※　適格合併を行った場合には，「適格合併の日の属する事業年度以後の各事業年度」

168

において繰越欠損金を使用することができるのに対し，完全支配関係がある内国法人の残余財産が確定した場合には，「残余財産の確定の日の属する事業年度以後の各事業年度」ではなく，「残余財産の確定の日の翌日の属する事業年度以後の各事業年度」において繰越欠損金を使用することができるという点にご留意されたい。

②　子会社の株主が複数である場合

〔ⅰ〕　株主の全員が内国法人である場合

【残余財産の確定の日における資本関係】

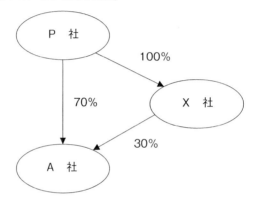

　上図のように，株主が複数存在する場合には，発行済株式総数（自己株式を除く。）に対する割合により，当該繰越欠損金をそれぞれの株主に引き継ぐことになる。すなわち，A社の繰越欠損金が10億円である場合には，A社の発行済株式総数の70％をP社が保有し，30％をX社が保有していることから，A社の繰越欠損金のうち，7億円をP社に引き継ぎ，3億円をX社に引き継ぐことになる。

(ii)　株主の一部が個人である場合

【残余財産の確定の日における資本関係】

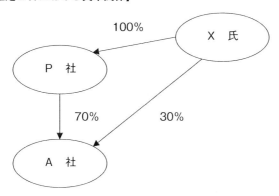

　前述のように，株主が複数存在する場合には，発行済株式総数（自己株式を除く。）に対する割合により，当該繰越欠損金をそれぞれの株主に引き継ぐことになる。

　これに対し，個人株主が混ざっている場合には，法人税法と所得税法の法体系が異なることから，個人株主に繰越欠損金を引き継ぐことができない。そして，完全支配関係の判定において個人株主が存在するケースを否定していない一方で，法人税法57条2項における繰越欠損金の引継ぎに係る条文が「当該他の内国法人に株主等が二以上ある場合には，当該未処理欠損金額を当該他の内国法人の発行済株式又は出資（当該他の内国法人が有する自己の株式又は出資を除く。）の総数又は総額で除し，これに当該内国法人の有する当該他の内国法人の株式又は出資の数又は金額を乗じて計算した金額」とだけ規定されていることから，上図のケースでは，A社の繰越欠損金のうち7億円がP社に引き継がれ，残りの3億円は切り捨てられることになる。

　ただし，受贈益の益金不算入は，法人による完全支配関係がある場合にのみ適用されることから（法法25の2①），P社において寄附金として認定された場合であっても，A社の繰越欠損金から受贈益に相当する金額が減額されたうえで，発行済株式に対する割合により，P社に引き継がれることになる。

③ 子会社整理損失を損金の額に算入することができる場合とできない場合の比較

⑴ 債務免除益に相当するだけの繰越欠損金がある場合

解散する子会社が債務超過である場合には，残余財産の確定の日の属する事業年度までの間に債権者からの債権放棄を受けることから，その子会社において債務免除益が生じる。そのため，通常のケースであれば，債権者において生じた子会社整理損失に相当する金額だけ，子会社の繰越欠損金が減額される。

これに対し，法人による完全支配関係がある場合において，親会社から子会社に対する債権放棄により生じる損失が寄附金として取り扱われるときは，受贈益の益金不算入が適用されることから，親会社ではその全額を損金の額に算入することができず（法法37②），子会社ではその全額が益金の額に算入されない（法法25の2①）。

具体的には，以下の事例を参照されたい。

具体例

前提条件

- A社の繰越欠損金は以下のとおりである。
    - ×1年3月期　500百万円
    - ×2年3月期　1,000百万円
    - ×3年3月期　700百万円
- A社の時価債務超過額は900百万円である。
- A社の保有する資産及び負債の時価と簿価は一致している。
- P社とA社との間の支配関係は10年前から継続している。
- P社はA社の発行済株式の全部を保有しており，P社が保有するA社株式の帳簿価額は100百万円である。

税務上の取扱い

P社において子会社整理損失として損金の額に算入することができる場合に

は，P社において900百万円の損失が生じるとともに（法基通9－4－1），1,300百万円の繰越欠損金を引き継ぐことができる（法法57②）。

これに対し，P社において寄附金として損金の額に算入することができない場合には，P社はA社の繰越欠損金の全額（2,200百万円）を引き継ぐことができる（法法37②，25の2①，57②）。

このように，P社において利用できる損失の合計額は，いずれであっても変わらないが，子会社整理損失として認識したほうが，繰越欠損金の発生年度が新しくなる。そのため，繰越欠損金の使用期限が9年又は10年であることを考えると，子会社整理損失として認識できたほうが有利になる。

（注1） P社が引き継ぐことができる繰越欠損金の内訳は，×2年3月期：600百万円（＝1,000万円－〔900万円－500万円〕），×3年3月期700百万円である。

（注2） 完全支配関係のある内国法人間で寄附金が生じた場合には，P社では，その全額を損金の額に算入することができず（法法37②），A社では，その全額が益金の額に算入されない（法法25の2①）。

その結果，寄附修正事由が生じ（法令9①七），P社が保有するA社株式の帳簿価額が引き上げられ，同額の利益積立金額が増加する（法令119の3⑥，119の4①，9①七）。すなわち，上記の事例では，P社が保有するA社株式の帳簿価額が900百万円増加し，利益積立金額が900百万円増加する。しかしながら，A社の残余財産が確定したとしても，A社株式から生じる譲渡損1,000百万円が損金の額に算入されず（法法61の2⑰），株式譲渡損に相当する部分の金額だけ，資本金等の額が減少する（法令8①二十二）。このように，資本金等の額の変動による住民税均等割，事業税資本割への影響は考えられるが，法人税の課税所得への影響はない。具体的には，以下の仕訳をご参照されたい。

【寄附金についての仕訳】

| （寄 附 金） | 900百万円 | （貸 付 金） | 900百万円 |
| （A 社 株 式） | 900百万円 | （利益積立金額） | 900百万円 |

【子会社整理についての仕訳】

| （資本金等の額） | 1,000百万円 | （A 社 株 式） | 1,000百万円 |

172

（注３）　完全支配関係がある場合における受贈益の益金不算入（法法25の２）は，残余財産が確定したことによる繰越欠損金の引継ぎ（法法57②），譲渡損益の繰延べ（法法61の13），株式譲渡損益の損金不算入，益金不算入（法法61の２⑰）と異なり，法人による完全支配関係がある場合に限定されている。そのため，Ｐ社がＡ社の発行済株式総数の90％を保有しており，Ｘ氏がＰ社の発行済株式の全部を保有し，Ａ社の発行済株式総数の10％を保有している場合には，個人による完全支配関係のみがあることから，Ｐ社からＡ社に対する債権放棄によりＡ社において生じた債務免除益に対して受贈益の益金不算入を適用することができない。これに対し，Ｐ社では，寄附金の損金算入限度額の枠があるものの，寄附金の損金不算入が適用されることになる（法法37①）。

(ii)　債務免除益に相当するだけの繰越欠損金がない場合

　前述のように，解散する子会社において，債務免除益に相当するだけの繰越欠損金がない場合には，特例欠損金の損金算入が認められている（法法59③）。

　具体的には，以下の事例を参照されたい。

具体例

前提条件

- Ａ社の繰越欠損金は以下のとおりである。
  - ×１年３月期　　500百万円
  - ×２年３月期　1,000百万円
  - ×３年３月期　　700百万円
- 適用年度におけるＡ社の期首現在利益積立金額に相当する金額は△3,100百万円である。
- 残余財産の確定時におけるＡ社の時価債務超過額は3,000百万円である。
- Ａ社の保有する資産及び負債の時価と簿価は一致している。
- Ｐ社とＡ社との間の支配関係は10年前から継続している。
- Ｐ社はＡ社の発行済株式の全部を保有しており，Ｐ社が保有するＡ社株式

の帳簿価額は100百万円である。

［ 税務上の取扱い ］

　P社において子会社整理損失として損金の額に算入することができる場合には，P社において3,000百万円の損失が生じる（法基通9－4－1）。なお，A社では，特例欠損金（800百万円）と繰越欠損金（2,200百万円）がそれぞれ債務免除益と相殺されることから，A社の繰越欠損金は零となり，A社の繰越欠損金をP社に引き継ぐことはできない。

　これに対し，P社において寄附金として損金の額に算入することができない場合には，P社はA社の繰越欠損金の全額（2,200百万円）を引き継ぐことになる（法法37②，25の2①，57②）。

　このように，解散法人（A社）に債務免除益に相当するだけの繰越欠損金がない場合には，P社において子会社整理損失を認識したほうが，そもそも引き継ぐことができない特例欠損金と債務免除益を相殺することができることから，その分だけ有利になる。

6 ┃ TPR事件が第2会社方式に与える影響

(1)　論点整理

　第2会社方式では，①親会社において法人税基本通達9－4－1を適用することができるのか，②完全支配関係がある場合に子会社の繰越欠損金を親会社に引き継ぐことができるのかについて，それぞれ検討する必要がある。

　また，TPR事件では，事業用の建物や設備を新会社ではなく親会社に移転させたにもかかわらず，旧会社と新会社の同一性があると認定されたことから，法人税基本通達9－4－1の要件を満たすために，旧会社と新会社の同一性を排除するためには，事業用の建物や設備を新会社ではなく親会社に移転させる

だけでは足りないといえる。

　さらに，TPR事件では，賃貸借の対象となった建物・製造設備に係る減価償却費等に相当する賃料を新会社から合併法人に対して支払っていることから，本件組織再編成に伴って新会社の損益計算書は改善されていないということも問題視されていた。しかし，これらに対する賃料を新会社から合併法人に対して支払わない場合には，寄附金の問題が生じることから，そうせざるを得ないという事情もある。

　もちろん，金融機関からしても，赤字であった新会社ではなく，資金調達能力の高い親会社への融資を希望することから，事業用の建物や設備を新会社ではなく親会社に移転させることで，今後の資金調達が容易になるという側面はある。しかし，親会社が連帯保証をすれば支障がないことから合併をする必要がなかったという反論が当然に予想される。そう考えると，事業用の建物や設備を新会社ではなく親会社に移転させることで，租税回避性が薄まることは事実としても，決定打にはならないといえる。

　法人税基本通達9−4−1の判定においても，事業用の建物や設備を新会社ではなく親会社に移転させたとしても，子会社の損益計算書が改善されないことから，より大きな損失を蒙ることを回避するために損失負担をしたとは認定されない可能性がある。

⑵　同一性の排除と経営改善

　TPR事件では，東京地裁が，「原告は，本件合併により旧a社を吸収合併したものの，本件合併に併せて新a社を設立し（本件設立），本件合併と同日，本件転籍，本件譲渡及び本件賃貸借が行われた。これにより，本件事業に従事していた旧a社の従業員は原告を経ずに同一労働条件で新a社に引き継がれ，本件事業に係る本件棚卸資産等も同社に引き継がれた。また，本件事業に係る本件製造設備等についても，その所有こそ原告に帰属したものの，減価償却費相当額は賃借料という名目で新a社が負担することとなった。さらに，旧a社

が締結していたリース契約は，本件合併後新ａ社に引き継がれ，同社の取引先も旧ａ社の取引先と同一であったほか，本件設立当時の新ａ社の商号，目的及び役員構成も旧ａ社のそれと同一であり，新ａ社の本店所在地も，設立当時こそ旧ａ社と異なっていたものの，本件合併の翌日には同社の解散当時の本店所在地に移転された。」という事実から，「本件合併とともに本件設立，本件転籍，本件譲渡及び本件賃貸借が行われたことによって，実態としては，旧ａ社の営んでいた本件事業はほぼ変化のないまま新ａ社に引き継がれ，原告は，旧ａ社の有していた本件未処理欠損金額のみを同社から引き継いだに等しいものということができる。」と判示しており，東京高裁も同様の判断を行っている。

　このことから，第２会社方式における同一性についても，従業員の労働条件，損益計算書の状況，リース契約，取引先，商号，目的，役員構成，本店所在地などを総合的に勘案して判定する必要があるということがわかる。

　さらに，東京地裁では，「確かに，本件製造設備等は原告の所有となったものの，新ａ社は，本件賃貸借により減価償却費相当額の賃借料を負担することとなったものであるし，ｂ社からの受注量減少に伴う赤字リスクを原告が負担することとなったのは，旧ａ社との間で行うことも可能であった本件単価変更によるものであることに照らせば，本件合併自体の効果によって原告の主張する損益構造の変更，事業リスクの所在の変更が生じたと評価することは相当でないといわざるを得ない。また，原告における本件事業の管理体制の強化についても，旧ａ社の事業を原告における予算会議の審議対象とすることなどにより，本件合併によらずとも実現可能であったということができる。」としている。

　このことから，親会社がより大きな損失を蒙ることを回避するために損失負担をしたと認定されるためには，第２会社方式に伴う抜本的な経営改善が必要になるといえる。

　また，具体的な経営改善として，業務フローの全部を新会社に移転するのではなく，その一部を親会社に移転するということも考えられる。なぜなら，TPR事件の当初案では，TPRの一部門として原材料の調達を行う部門を新設

176

し，新会社は人員のみを抱えた賃加工会社の形態となり，TPRから設備を貸
与され，材料も支給されることとなって，原則として，利益も赤字も出ない会
社になることを予定していた。

　そして，東京地裁も，「本件合併について検討を始めた当初は，原告内に新
たな部門を設け，生産委託会社として設立した新会社にアルミホイールの製造
を委託することが検討されるなど，本件事業を原告の一部門として取り込むこ
とにより旧a社の損益を改善するといった事業目的もあったものといえるもの
の」と判示しており，当初案であれば，包括的租税回避防止規定が適用されな
かった可能性があったことを示唆している。

　もちろん，業務フローの一部を親会社に移転したからといって，常に子会社
の経営改善が図れるというわけではないが，このような業務フローの見直しに
より，子会社の経営改善を図れるのであれば，親会社がより大きな損失を蒙る
ことを回避するために損失負担をしたと主張するための強い証拠になる。

　このような業務フローの一部を親会社に引き継ぐことができない場合であっ
ても，親会社がより大きな損失を蒙ることを回避するために損失負担をしたと
主張できれば足りるため，新会社に事業を移転する際に，①従業員のリストラ，
②給与体系の見直し（退職金の打切支給を含む。），③役員構成の見直し，④不
採算部門の閉鎖，⑤外部との契約関係の見直しが行われることより，経営改善
を図ることができれば，法人税基本通達9－4－1の要件を満たしやすくなる。

　もともと赤字であるからこそ，第2会社方式による子会社の再生を検討した
のであるから，新会社に事業を移転する際に痛みを伴う経営改善を行うことに
ついては経済合理性が認められるし，新会社に事業を移転するからこそ痛みを
伴う経営改善を行うことが可能であったと主張することができるからである。

(3)　TPR事件と同族会社等の行為計算の否認

　前述のように，子会社に十分な繰越欠損金がある場合には，親会社において
子会社整理損失を損金の額に算入できなかったとしても，子会社の残余財産の

確定に伴って，親会社に子会社の繰越欠損金を引き継ぐことができる（法法57②）。

　しかしながら，第2会社方式により，親会社において子会社整理損失を損金の額に算入できない事案というのは，法人税基本通達9－4－1の要件を満たさない事案であり，さらにいえば，旧会社と新会社の同一性が排除されていない事案である。

　そうなると，旧会社と新会社の同一性が排除されていないことを理由として，同族会社等の行為計算の否認（法法132）が適用され，繰越欠損金の引継ぎが認められなくなる可能性があるかどうかについて検討する必要がある。

　この点については，根拠条文が法人税法132条の2ではなく，同法132条になることから，ユニバーサルミュージック事件についても検討する必要がある。

7　ユニバーサルミュージック事件が第2会社方式に与える影響

(1)　同一性がない場合

　前述のように，第2会社方式では，①親会社において法人税基本通達9－4－1を適用することができるのか，②完全支配関係がある場合に子会社の繰越欠損金を親会社に引き継ぐことができるのかについて，それぞれ検討する必要がある。

　このうち，①については，第2会社方式に対する法人税基本通達9－4－1の適用上は，租税回避かどうかではなく，同一性の排除が問題となることから，ユニバーサルミュージック事件の影響はないと考えられる。

　これに対し，②については，法人による完全支配関係がある場合には，子会社において受贈益の益金不算入が適用されることから，債務免除益に相当するだけの繰越欠損金がある場合には，寄附金として認定されたとしても，繰越欠損金の繰越期限が到来しない限り，親会社において損金の額に算入できる総額

178

は変わらない。

　また，債務免除益に相当するだけの繰越欠損金がない場合であっても，債務免除益が10億円であり，繰越欠損金が8億円であるようなときは，法人税基本通達9－4－1を満たしたほうが有利であるものの，繰越欠損金として8億円を引き継げるのであれば，寄附金として認定されることを許容してしまう事案も十分に想定される。

　そうなると，法人税基本通達9－4－1を満たすことができない場合において，租税回避事案として，繰越欠損金の引継ぎが認められないことがあり得るのかという点が問題となる。

　この点につき，§1で解説したように，ユニバーサルミュージック事件の東京地裁では，「同族会社の行為又は計算が経済的合理性を欠くか否かを判断するに当たっては，当該行為又は計算に係る諸事情や当該同族会社に係る諸事情等を総合的に考慮した上で，法人税の負担が減少するという利益を除けば当該行為又は計算によって得られる経済的利益がおよそないといえるか，あるいは，当該行為又は計算を行う必要性を全く欠いているといえるかなどの観点から検討すべきものである。」と判示されたのに対し，東京高裁では，「組織再編成を含む企業再編等は，その形態や方法が複雑かつ多様であり，基本的には，いかなる必要性に基づいてどのような形態，方法で行うかにつき当該企業集団の自律的判断に委ねられるものであるが，前記のとおりこれを利用する巧妙な租税回避行為が行われやすく，租税回避の手段として濫用されるおそれがあること，企業再編等の一環として行われる行為につき，何らかの事業目的等を作出し又は付加することも比較的容易であること等からすると，企業再編等の一環として行われた同族会社の行為又は計算の不当性要件該当性を上記のような観点から判断することになれば，当該行為又は計算を行う必要性のほとんどが租税回避目的であって，税負担の減少以外の経済的利益がごく僅かである場合でも，経済的合理性があるとされかねない。」としたうえで，(a)通常は想定されない手順や方法に基づいたり，実態とは乖離した形式を作出したりするなど，不自然なものであるかどうか，(b)税負担の減少以外に合理的な理由となる事業目的

その他の事由が存在するかどうか等の事情も考慮したうえで，経済合理性を欠く行為であるかどうかを総合的に判断すべきであることとされた。

すなわち，法人税法132条に規定されている同族会社等の行為計算の否認であっても，事業目的があればよいというわけではなく，100％子会社を吸収合併することにより繰越欠損金を引き継ぐ場合と同様に，上記(a)(b)の事情を考慮したうえで経済合理性を判断する必要があることから，法人税法132条の2が適用されるリスクと同法132条が適用されるリスクはほとんど変わらないといえる。

これに対し，『平成22年版改正税法のすべて』284頁では，「残余財産が確定した法人の欠損金については，特定の資産の結びつきが希薄であることを踏まえ，その移転資産の有無に関わらず，合併に係る欠損金の引継ぎと同様の取扱いとすることとされました。」と解説されていることから，第2会社方式により事業を他の子会社に移転した後に，残余財産の確定により子会社の繰越欠損金を親会社に引き継いだとしても，同族会社等の行為計算の否認（法法132）が適用されるべきではないように思われる。

しかしながら，残余財産が確定した法人の繰越欠損金であっても，特定の資産の結びつきが明確である場合において，法人税法57条2項に規定されている繰越欠損金の引継ぎに係る規定を濫用したものと認められるときは，同族会社等の行為計算の否認が適用されるべきであると考えられる。

すなわち，本来であれば，他の子会社を合併法人とする吸収合併により当該他の子会社に繰越欠損金を引き継ぐべきところ，親会社に繰越欠損金を引き継ぐことを目的として第2会社方式を選択した場合には，制度の濫用と認められる事案も考えられることから，事業目的が主目的であることを明らかにする必要があると考えられる。

これに対し，主要な資産のほとんどが親会社に移転し，事業のみが他の子会社に移転した後に，子会社が解散した場合には，資産との結びつきの見地からは，親会社に繰越欠損金を引き継ぐことについての不当性はないことから，同族会社等の行為計算の否認が適用されるべきではないということになる。

　さらに，親会社に事業を移転した後に，子会社が解散した場合には，同様の理由により，同族会社等の行為計算の否認が適用されるべきではないと考えられる。

⑵　事前に株式譲渡を行って完全支配関係を成立させた場合

　§2で解説したように，合併法人が被合併法人の発行済株式総数の70％を保有している場合において，従業者従事要件又は事業継続要件に疑義があるときは，残りの30％を追加取得することにより完全支配関係を成立させたうえで合併を行えば，完全支配関係内の合併に該当させることが可能になる。

　それと同様に，親会社が子会社の発行済株式総数の70％を保有している場合に，残りの30％を追加取得することにより完全支配関係を成立させたうえで，子会社を清算させれば，当該子会社の繰越欠損金を引き継ぐことが可能になる。さらに，法人税法57条3項に規定されている繰越欠損金の引継制限は，適格合併であっても，残余財産の確定に伴う繰越欠損金の引継ぎであっても，支配関係が生じてから5年を経過していれば課されない。

　発行済株式総数の70％を保有している関係がある場合において，追加的に株式を購入し，完全支配関係を成立させるという行為については，子会社の株主から取得価額で買い取らざるを得ないような事業上の理由があることがほとんどであり，事業目的の存在が十分に認められる事案も少なくないことから，同族会社等の行為計算の否認が適用されるべきではないと考えられる。

⑶　事前に株式譲渡を行って繰越欠損金の引継先を変えた場合

①　個人株主からの株式の取得

　前述のように，株主が複数存在する場合には，発行済株式総数（自己株式を除く。）に対する割合により，解散法人の繰越欠損金をそれぞれの株主に引き継ぐことになる。そして，個人株主が混ざっている場合には，法人税法と所得

【残余財産の確定の日における資本関係】

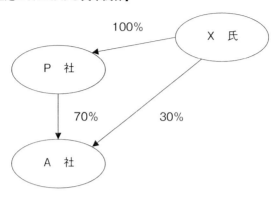

　税法の法体系が異なることから，個人株主に繰越欠損金を引き継ぐことができない。その結果，上図のケースにおいて，残余財産の確定の日にA社に10億円の繰越欠損金が残っている場合には，A社の繰越欠損金のうち７億円がP社に引き継がれ，残りの３億円は切り捨てられることになる。

　さらに，受贈益の益金不算入が法人による完全支配関係がある場合にのみ適用されることから，上図の事案では，P社において寄附金として認定された場合であっても，受贈益の益金不算入を適用することができないという問題がある。

　これを解決するために，A社の残余財産が確定する前にX氏からP社がA社株式を買い取り，P社がA社の発行済株式の全部を直接に保有する関係を成立させるという手法が考えられる。このような手法により，P社からA社に対する寄附金に相当する金額に対して，受贈益の益金不算入を適用することができるだけでなく，A社の繰越欠損金のすべてをP社に引き継ぐことが可能になるからである。

　このような手法に対しては，P社がA社株式を買い取ることについて，税負担の減少目的以外の事業目的がない場合には，同族会社等の行為計算の否認が適用される可能性がある。

　これに対し，X氏以外の少数株主がいるような場合には，P社が少数株主か

ら取得価額でA社株式を買い取ってからA社を解散させざるを得ない事案が考えられる。そして，A社をP社の100％子会社にしてから解散するストーリーのほうが少数株主に説明しやすいことから，P社が少数株主からA社株式を取得価額で買い取る前に，X氏からA社株式を時価で買い取ることも少なくない。このような場合には，税負担の減少目的以外の事業目的が認められることから，X氏からA社株式を買い取る必要性が高い場合には，同族会社等の行為計算の否認を適用すべきではないと考えられる。

> ※ 受贈益の益金不算入が適用される場合が「法人による完全支配関係がある場合」に限定されている理由について，『平成22年版改正税法のすべて』207頁では，「例えば親が発行済株式の100％を保有する法人から子が発行済株式の100％を保有する法人への寄附について損金不算入かつ益金不算入とすると，親から子へ経済的価値の移転が無税で行われることになり，相続税・贈与税の回避に利用されるおそれが強いことによります。」と説明されている。
> 　そのため，税負担の減少目的以外の事業目的が認められない場合において，同族会社等の行為計算の否認を適用するにしても，受贈益の益金不算入の適用を受けたことを問題視すべきではなく，A社の繰越欠損金のすべてをP社に引き継いだことだけを問題視すべきという考え方も成り立つ。この考え方によれば，同族会社等の行為計算の否認を適用するにしても，P社がA社株式を買い取らなかったと仮定して課税所得の計算を修正するのではなく，本来であれば切り捨てられていた3億円の繰越欠損金の引継ぎを否定することになる。

② 利益の生じている法人への譲渡

　上図の事案において，P社に利益が生じておらず，P社のグループ会社であるS社に利益が生じている場合には，P社及びX氏の保有しているA社株式をS社に譲渡することにより，A社の繰越欠損金をS社に引き継がせるという行為も考えられる。

　このような事案では，P社及びX氏の保有しているA社株式をS社に譲渡するという行為には，A社の繰越欠損金をS社に引き継がせる以外の事業目的が存在しないことがほとんどであるため，同族会社等の行為計算の否認が適用される可能性がある。

8 第2会社方式を行った後に連結納税を開始した場合における包括的租税回避防止規定の検討

さらに，第2会社方式により生じた損失に対して法人税基本通達9－4－1が適用されなかったとしても，残余財産の確定により子会社の繰越欠損金を親会社に引き継ぐことができることから，当該親会社を連結親法人とする連結納税を開始するという選択肢も考えられる。

【第2会社方式を行った後に連結納税を開始した場合】

（A）第2会社方式実行前

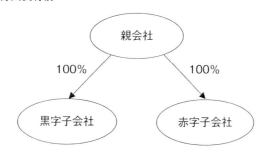

（B）事業譲渡

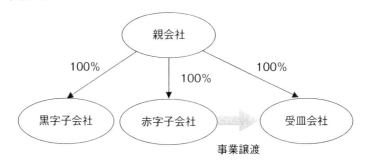

（C）特別清算

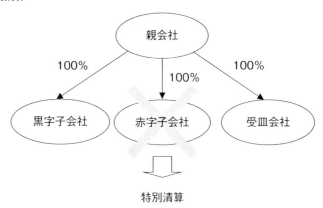

（D）連結納税

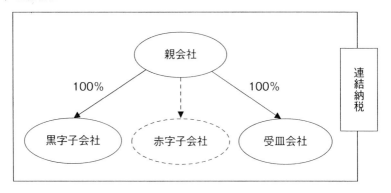

　この場合には，法人税法132条に規定されている同族会社等の行為計算の否認だけでなく，同法132条の3に規定されている連結納税制度に係る包括的租税回避防止規定も検討する必要がある。

　この点については，日本IBM事件（東京高判平成27年3月25日TAINSコードZ265-12639）において，連結納税制度に係る包括的租税回避防止規定ではなく，同族会社等の行為計算の否認のみが争われていることから，上記のスキームでも，連結納税制度に係る包括的租税回避防止規定は適用されないのではないかという疑問もある。その一方で，日本IBM事件は，源泉所得税の節税スキームとして実行されたものであり，連結納税による節税を意図したもので

はなかったともいわれている。

　そう考えると，第2会社方式と連結納税制度を組み合わせた節税は，連結親法人が連結納税開始前に生じた繰越欠損金を連結納税に持ち込むことができるという特徴を利用したものであることから，連結納税制度に係る包括的租税回避防止規定が適用される可能性はゼロとは言い難い。

　また，連結納税制度そのものは選択制となっており，かつ，法人税の課税所得の計算についての手法にすぎないことから，組織再編税制に係る包括的租税回避防止規定と同様に，制度濫用論がなじみやすい規定であるため，同族会社等の行為計算の否認の射程には入らないものの，連結納税制度に係る包括的租税回避防止規定の射程に入る事案も十分に考えられる。

　実務上，連結納税を開始する前に，①合併又は第2会社方式により繰越欠損金を親会社に集め，②株式交換等や株式移転により連結納税の範囲を広げるという手法は，極めて一般的に行われている。連結納税を開始することをきっかけとしてグループ内再編を検討することは問題ないとしても，当該グループ内再編については，制度の濫用であると認定されないだけの事業目的は必要になると考えられる。

　　※　令和2年度税制改正によりグループ通算制度が導入され，令和4年4月1日以後に開始する事業年度では，連結納税制度ではなく，グループ通算制度が適用されることになる。グループ通算制度では，通算親法人の繰越欠損金であってもグループ通算制度に持ち込むことができず，当該通算親法人の個別所得の範囲内で使用できるものの，他の通算法人の所得との通算ができないことになった（法法64の7②一参照）。そのため，グループ通算制度が導入された後は，上記の問題が生じないことから，法人税基本通達9－4－1の要件を満たすことができない場合には，他の通算法人の所得との通算は問題にならないものの，親会社の法人税の負担を減少させたことに対する同族会社等の行為計算の否認のみが問題になると思われる。

9 ┃ 同一性の排除はどこまで求められるのか

⑴　Q＆A不良債権処理の税務判断

　東京国税局調査第一部調査審理課『Ｑ＆Ａ不良債権処理の税務判断』175-176頁（ぎょうせい，平成７年）では，第１会社（旧子会社）と第２会社（新子会社）との間に，同一性がない場合には法人税基本通達９－４－１の適用を認め，同一性がある場合には適用を認めないものとしている。

　具体的には，同書175頁において，出資関係，所在地，事務所，工場及び従事者も同一であることを理由として，法人税基本通達９－４－１の適用が認められない事案が紹介されており，同書176頁において，形式的にも，商号，持株関係，役員構成が，実質的にも，事業内容，事業形態が異なることを理由として，同通達の適用が認められる事案が紹介されている。

　このうち，後者の事案は，親会社が旧会社の発行済株式総数の100％を保有しているのに対し，新会社の発行済株式総数の20％しか保有しなくなる事案である。一般的に行われている第２会社方式は，旧会社も新会社も親会社が発行済株式総数の50％超を保有している事案が多いと思われるが，そうであっても，東京高判平成29年７月26日（角弘事件）において法人税基本通達９－４－１により判断することとされていることから，旧会社も新会社も親会社が発行済株式総数の50％超を保有しているということだけで，法人税基本通達９－４－１の要件を満たせないということにはならない。

　しかしながら，持株関係の大きな変化がないということは，事業内容，事業形態の変化がないと疑われる可能性が高くなることから，客観的にも，事業内容，事業形態の変化があったと認められる状態にしておく必要があるといえる。

⑵　東京高判平成29年７月26日（角弘事件）

　§１で解説したように，角弘事件では，①十分な売上金額と売上総利益が

あったこと，②借入金の大半がグループ内の借入金であったこと，③人件費等の削減等により数千万円規模の財務改善が見込まれていたことから，子会社が倒産の危機に瀕した状況にはなっていないと判示している。

このうち，②については，「親会社が支援を継続していれば子会社が倒産するはずがない」という発言をする税務調査官がいるのは事実であるが，前述の国税庁HPタックスアンサーにおいて，親会社だけが債権放棄をする場合であっても，法人税基本通達9－4－1の要件を満たせることが示唆されていることを考えると，グループ内の借入金しかないことだけで，同通達の要件を満たせないということにはならない。

グループ経営上，子会社は親会社の利益のために存在しており，存続しないほうがグループのためであるという状態になった時点で「倒産の危機に瀕している状態」になることから，経常的に営業キャッシュ・フローがマイナスであれば，倒産の危機に瀕している状態になっているのは明らかであるし，営業キャッシュ・フローがプラスであっても，将来の設備投資が不可能なキャッシュ・フローしか生み出せないのであれば，固定資産の老朽化に伴って，子会社の事業を廃止せざるを得なくなるという意味で，すでに倒産の危機に瀕している状態になっていることは明らかである。

ここで留意が必要なのは，「利益」ではなく，「キャッシュ・フロー」で判断する必要があるという点である。過去の設備投資が原因で過剰な減価償却費が生じていることを理由として営業赤字になっていたとしても，営業キャッシュ・フローがプラスである場合において，将来において必要十分な設備投資を行えるだけの営業キャッシュ・フローが生み出せているときは，倒産の危機には瀕していないといえるからである。

そして，人件費等の削減等により数千万円規模の財務改善が見込まれていたことについては，第2会社方式を行わなければ困難な財務改善であったかどうかがポイントになる。第2会社方式を行わなくても可能な経営改善であれば，裁判所がいうように，倒産の危機に瀕していないという判断になるであろうし，第2会社方式を行わなければ困難な経営改善であれば，それを根拠として倒産

188

の危機に瀕していないという判断をすることはできない。そうなると，第2会社方式により，Goodのみを新会社に移転し，Badを旧会社に残すというのが典型的な手法となるが，第2会社方式を行わなければ困難といえるためには，相当程度を旧会社に残していく必要がある。

　すなわち，第2会社方式により，①従業員のリストラ，②給与体系の見直し（退職金の打切支給を含む。），③役員構成の見直し，④不採算部門の閉鎖，⑤外部との契約関係の見直しが必要になる。もちろん，厚生労働省から「事業譲渡又は合併を行うに当たって会社等が留意すべき事項に関する指針」が公表されていることから，第2会社方式を行うことを理由とした安易な解雇はできないが，旧会社を存続させた場合に比べると，上記の経営改善は格段にやりやすいことから，第2会社方式により，親会社がより大きな損失を蒙ることを回避することができたと主張することが可能になってくる。

　言い換えると，親会社がより大きな損失を蒙ることを回避するための経営改善を行うことで，旧会社と新会社の同一性が排除され，その結果として，法人税基本通達9-4-1の要件を満たすことが可能になるといえる。

　※　第1審（東京地判平成29年1月19日TAINSコードZ267-12962）において，「Ｊ銀行が，原告の財務改善に関し，本件債権放棄を行うことを要請したことはなく，かえって，原告は，Ｊ銀行から不採算事業からの撤退や従業員のリストラを含む抜本的な収益改善策を求められている中で，Ａ子会社3社の事業統合による事業継続をあえて選択し，本件事業譲渡や本件債権放棄を内容とする財務改善計画書の策定を主導的に行ったこと等に照らせば，本件債権放棄は，メインバンクであるＪ銀行からの再三の要請にもかかわらず，原告が本件子会社2社の事業を含む不採算事業からの撤退を拒み，これらの事業の継続を前提とする財務及び収益の改善策のみを自ら策定したことに伴い，他に様々な財務及び収益の改善策を数千万円規模で掲記した本件計画書に記載することなく，Ｊ銀行の要請及び承認の対象に含まれないＤグループ内の内部的措置として行われたものとみるのが相当であ（る）」と判示したことに注目したい。
　　　例えば，不採算事業から撤退し，存続すべき事業のみを新会社に移転し，当該存続すべき事業に従事する労働者のみが新会社に移転するとともに，当該存続すべき事業が存続できるように取引先，仕入先との契約内容を見直したり，取引先，仕入先を変えたりする場合には，第2会社方式をやらざるを得なかった合理的な理由があると判断できる。こうした経営改善を行わずに，債権放棄の代替としての第2会社方式を行った場合には，法人税基本通達9-4-1の要件を満たすことができない可能性があるといえる。

⑶ 東京高判令和元年12月11日（TPR事件）

　前述のように，TPR事件において，事業用の建物や設備を新会社ではなく親会社に移転させたにもかかわらず，旧会社と新会社の同一性があると認定されたことから，法人税基本通達9−4−1の要件を満たすために，旧会社と新会社の同一性を排除するためには，事業用の建物や設備を親会社に移転させるだけでは足りないといえる。

　しかしながら，事業用の建物や設備を親会社に移転させることで，事業内容，事業形態を見直しやすくなることから，事業用の建物や設備を親会社に移転させたほうが望ましいと考えられる。

　また，TPR事件においては，旧会社の従業員が同一労働条件で新会社に引き継がれていることも問題視されたことから，第2会社方式においても，従業員のリストラ，給与体系の見直し（退職金の打切支給を含む。）が必要になってくると考えられる。さらに，旧会社のリース契約，取引先との契約がそのまま新会社に引き継がれていることも問題視されたことから，第2会社方式においても，外部との契約関係の見直しが必要になると考えられる。

　そのほか，商号，目的，役員構成及び本店所在地についても指摘されているが，東京国税局調査第一部調査審理課『Q＆A不良債権処理の税務判断』においても，同様の指摘がなされていることから，形式的にも，これらを変更することができるのであれば，そのほうが望ましいと思われる。

　しかしながら，商号，目的，役員構成及び本店所在地は，形式的な同一性の排除にすぎず，決定打にはならない。決定打になるのは，実質的な同一性の排除である。すなわち，TPR事件を参考にすると，第2会社方式を行わなくても可能であった仕入価格の変更では，旧会社と新会社が同一であると判断されてしまう可能性があるといえる。すなわち，第2会社方式を行うからこそ可能であった事業内容，事業形態の変更が必要になると考えられる。

　前述のように，業務フローの一部を親会社に引き継ぐことなどにより，経営の合理化が図られることが望ましい。そうでない場合であっても，親会社がよ

り大きな損失を蒙ることを回避するために損失負担をしたと主張できれば足りることから，新会社に事業を移転する際に，①従業員のリストラ，②給与体系の見直し（退職金の打切支給を含む。），③役員構成の見直し，④不採算部門の閉鎖，⑤外部との契約関係の見直しが行われることより，経営改善を図ることができれば，法人税基本通達9－4－1の要件を満たしやすくなる。

すなわち，Q＆A不良債権処理の税務判断，東京高判平成29年7月26日（角弘事件）を踏まえて総合的に考えると，目的，持株関係，本店所在地を変えることが難しいことが多いことから，商号，役員構成，従業員構成を変えるとともに，事務所，工場のような固定資産を親会社に移転させることで，形式的な同一性を排除していくことが望ましいと思われる。しかし，決定打となるのは，実質的な同一性の排除であることから，新会社が二次破綻をしないように，新会社の経営陣の一新を図るとともに，業務フローを見直すことで効率化を図り，その結果としての従業員のリストラ，給与体系の見直し（退職金の打切支給を含む。）を図るとともに，外部との契約関係の見直しを図っていく必要があると考えられる。

このように，親会社の節税のために第2会社方式を行うのではなく，子会社を再建した結果として，親会社で多額の子会社整理損失が発生したという形にする必要があるといえる。もちろん，親会社の節税をきっかけとして子会社の再建を検討することが多いのは否めないが，子会社の再建には実質を伴う必要があり，東京高判平成29年7月26日（角弘事件），東京高判令和元年12月11日（TPR事件）は，そのことを明らかにしたといえる。

[著者略歴]

佐藤　信祐（さとう　しんすけ）

公認会計士，税理士，博士（法学）
公認会計士・税理士佐藤信祐事務所所長
平成11年　朝日監査法人（現有限責任あずさ監査法人）入社
平成13年　公認会計士登録，勝島敏明税理士事務所（現デロイトトーマツ税理士法人）入所
平成17年　税理士登録，公認会計士・税理士佐藤信祐事務所開業
平成29年　慶應義塾大学大学院法学研究科後期博士課程修了（博士（法学））

債務超過子会社の整理・統合の税務

2021年2月5日　第1版第1刷発行
2024年9月25日　第1版第4刷発行

著　者　佐　藤　信　祐
発行者　山　本　　　継
発行所　㈱中　央　経　済　社
発売元　㈱中央経済グループ
　　　　パブリッシング

〒101-0051　東京都千代田区神田神保町1-35
電話　03 (3293) 3371（編集代表）
　　　　03 (3293) 3381（営業代表）
https://www.chuokeizai.co.jp

印刷・製本／㈱デジタルパブリッシングサービス

© 2021
Printed in Japan